S, R, St

Karl-Georg Sindele

HERZOGIN HENRIETTE VON WÜRTTEMBERG

Karl-Georg Sindele

Herzogin Henriette von Württemberg

Eine Biografie (1780–1857)

 Jan Thorbecke Verlag

Bildnachweis

Wir danken allen Rechteinhabern für die freundliche Genehmigung zum Nachdruck. Trotz nachdrücklicher Bemühungen ist es uns nicht gelungen, alle Rechteinhaber zu ermitteln. Wir bitten diese daher um Verständnis, wenn wir gegebenenfalls erst nachträglich eine Abdruckhonorierung vornehmen können.

Landesmedienzentrum Baden-Württemberg S. 78, 139, 164 – Österreichische Nationalbibliothek, Bildarchiv Wien S. 149 – Privatbesitz S. 18, 28, 61, 87 – Staatliche Schlösser und Gärten, Baden-Württemberg S. 107, 156, Umschlag – Stadt Kirchheim unter Teck S. 97 – Teckbote, Kirchheim unter Teck, S. 57 – Württembergische Landesbibliothek Stuttgart, Graphische Sammlung S. 74, 153, 158, 160 – Archiv des Autors S. 192

Bibliografische Information der Deutschen Nationalbibliothek
Die Deutsche Nationalbibliothek verzeichnet diese Publikation in der Deutschen
Nationalbibliografie; detaillierte bibliografische Daten sind im Internet über
http://dnb.d-nb.de abrufbar.

© 2006 by Jan Thorbecke Verlag der Schwabenverlag AG, Ostfildern
www.thorbecke.de · info@thorbecke.de

Layout: Wolfgang Sailer, Jan Thorbecke Verlag
Gesamtherstellung: Jan Thorbecke Verlag, Ostfildern
Printed in Germany
ISBN-10: 3-7995-0173-8
ISBN-13: 978-3-7995-0173-6

INHALT

Die Kirchheimer Zeit mit Louis

Die Witwenzeit

Wohltätiges Wirken

VORWORT

Im Jahre 1867, zehn Jahre nach dem Tod der schon zu Lebzeiten fast legendären Herzogin Henriette von Württemberg, ist das erste größere Lebensbild in Buchform über sie veröffentlicht worden. Der Autor Karl Friedrich Ledderhose, ein nicht unbekannter evangelischer Theologe, stützte sich dabei auf einen bereits 1859 im »Württembergischen Bildersaal« erschienenen Aufsatz von Albert Moll, auf transkribierte Briefauszüge und damals noch vielfältig vorhandene mündliche Überlieferungen. Wirkt dieses rar gewordene Büchlein auf den heutigen Leser fast wie theologisch angehauchte Hofberichterstattung, so hat sich Karin Peters in der Schriftenreihe des Stadtarchivs Kirchheim unter Teck im Jahre 1975 auf belegbare Fakten der sozialen Tätigkeit der Herzogin konzentriert. Etwas stiefmütterlich behandelt wurden bisher die erste, nicht immer krisenfreie Lebenshälfte Henriettes und die bedeutsamen genealogischen Auswirkungen bis in unsere Tage.

Da überdies in den letzten Jahrzehnten anlässlich mancher Gedenktage für Henriette und »ihre« Einrichtungen eine Reihe von Aspekten in Teiluntersuchungen dargestellt wurde, war es einen Versuch wert, rechtzeitig zum 150. Todestag der verdienten Aristokratin Altes und Neues zu einem biografischen Gesamtbild zusammenzufügen. Dabei konnten viele bislang unbekannte Quellen ausgewertet werden, zumal das Haus Württemberg, aber auch andere beteiligte Häuser wie beispielsweise die Welfen oder die luxemburgischen Großherzöge aus dem Hause Nassau seit geraumer Zeit die hauseigenen und staatlich verwahrten Archivbestände für wissenschaftliche Nachforschungen in dankenswerter Weise zur Verfügung stellen.

Manche zum Vorschein gekommenen Tatsachen mögen erstaunen. Sie fügen dem beeindruckenden Lebensbild Mosaiksteine hinzu und tragen vielleicht dazu bei, die Hoheit von damals dem heutigen Leser durch Einblicke in ihren Alltag und ihre Sorgen menschlich näher zu bringen.

Allen Beteiligten aus den Archiven, Bibliotheken und Museen, überhaupt allen, welche die Nachforschungen unterstützten, aber auch dem Verlag gilt ein besonderer Dank.

Kirchheim unter Teck, im Sommer 2006

HERKUNFT, KINDHEIT UND JUGEND

Henriettes Geburt

Am 27. April 1780 teilte die fürstliche Regierung von Nassau-Weilburg dem Amt in Weilburg mit, dass am 22. April des Monats die gnädigste Landesfürstin von *einer gesund und wohlgestalten Princeßin* glücklich entbunden worden sei und dass man nun statt der bisherigen kirchlichen Fürbitten Danksagungen abstatten solle. Fast wäre im Schloss zu Kirchheimbolanden ein Sonntagskind geboren worden, da die neue Erdenbürgerin samstags, eine Stunde vor Mitternacht, das Licht der Welt erblickte.[1]

Der reformierte Pfarrer und Hofprediger Johann Friedrich des Côtes taufte das Kind im reformierten Glauben kurz und bündig auf den Namen Henriette, einen ursprünglich französischen Namen, der sich im deutschsprachigen Raum seit dem 17. Jahrhundert verbreitet hatte und in der eigenen Verwandtschaft wie auch der von Nassau-Usingen und Nassau-Saarbrücken bereits mehrfach vorkam.[2]

Bei flüchtigem Hinsehen oder Hinhören ist man zunächst geneigt, Kirchheimbolanden als zufälligen Geburtsort einer Prinzessin von Nassau-Weilburg anzunehmen, doch wird der Besucher der »Kleinen Residenz«, wie sich das pfälzische Kreisstädtchen am Fuße des Donnersbergs heute noch stolz nennt, bald eines Besseren belehrt: Unverkennbar sind die Zeugnisse einer Residenz, die sich die hauptsächlich rechtsrheinischen Weilburger Fürsten zuerst als linksrheinische Sommerbleibe und um die Mitte des 18. Jahrhunderts dann als Hauptsitz ihres Herrschaftsgebiets geschaffen hatten, auch wenn das ehemals dreiflügelige Schloss – heute Seniorenresidenz – nur noch im Grundriss und im Ostflügel als spätbarockes Monument erahnt werden kann.

Eltern und Vorfahren

Henriette war die Tochter des Fürsten Carl Christian von Nassau-Weilburg und seiner Gemahlin Caroline. Der 1735 geborene und seit 1754 regierende Vater, Sohn des eigentlichen Schöpfers der »Kleinen Residenz«, gehörte zur so genannten walramschen Linie der Nassauer, die sich im 13. Jahrhundert von der ottonischen Linie getrennt hatte. Von den verschiedenen Linien dieser beiden Häuser existierten zum Zeitpunkt der Geburt Henriettes nur noch die ottonische Linie der Oranier in den Niederlanden und die drei walramschen Herrschaften Nassau-Weilburg, Nassau-Saarbrücken und Nassau-Usingen. Diese schlossen sich 1783 im Nassauischen Erbverein zusammen und legten dabei unter anderem fest, dass nach dem Erlöschen der Saarbrücker Linie deren Herrschaftsgebiet an Nassau-Usingen und das dann vergrößerte Usingen an Weilburg fallen sollte.[3]

Carl Christian war bereits in jungen Jahren Generalmajor des Oberrheinischen Kreises und erhielt 1757 beim Kurfürsten Carl Theodor in Mannheim ein Infanterieregiment der kurpfälzischen Armee. Aber es zog ihn in die Niederlande, da er dort um eine blutjunge, 1742 geborene oranische Prinzessin werben wollte, die er nach einigen Jahren des Wartens und dem Beseitigen mancher politischer Probleme schließlich 1760 in 's Gravenhage (Den Haag) heiraten konnte. Der mittlerweile auch in niederländische Dienste übernommene Generalmajor hatte sich mit Caroline eine nach Abstammung, Bildung und Status erlesene Braut ausgesucht, die es der politischen Vertretung der Generalstaaten auch nicht leicht machte, das ursprüngliche Veto in ein Placet umzuwandeln, zumal die Braut bei einem Fehlen männlicher Regentschaftskandidaten auch ein Recht auf die Erbstatthalterwürde gehabt hätte.[4]

Nur dem Einfluss der Brautmutter und der Einwilligung des Bräutigams, die aus der zukünftigen Ehe hervorgehenden Kinder im niederländisch-reformierten Glauben erziehen zu lassen, war es letztlich zu verdanken, dass die Hochzeit zustande kam und auch in einem gebührend feierlichen Rahmen zelebriert wurde.[5]

Caroline war die Tochter des 1751 verstorbenen Erbstatthalters der Niederlande, Wilhelms IV., und seiner Gemahlin Anna, welche die Regentschaft führte und ihrerseits als Kind des englischen Königs Georg II. aus dem hannoverischen Welfenhaus hohes Standesansehen genoss.

Carl Christian hatte zwar unter seinen Vorfahren den spätmittelalterlichen deutschen König Adolf (1292–1298) und gehörte zu einem der ältesten und angesehensten deutschen Adelsgeschlechter, aber doch im europäischen Maßstab nicht zu den einflussreichen und mächtigen Landesfürsten. Sein Vater war erst 1737 vom Grafen- in den Reichsfürstenstand erhoben worden.[6] Die Kinder aus dieser ottonisch-walramschen Verbindung, so auch Prinzessin Henriette, wiesen damit einen Stammbaum auf, der sich sehen lassen konnte.

Doch zurück zum Hochzeitspaar: Es blieb auf Jahre hinaus im Staat der Oranier angesiedelt. Carl Christian nahm einige Generals- und Gouverneursfunktionen wahr, unter anderem auch die Tätigkeit als Gouverneur von Maastricht. Die Regierungsgeschäfte in seinem Stammland Nassau-Weilburg überließ er zunächst seinem früheren Erzieher, dem Oberst de la Potterie und später dem Freiherrn von Botzheim, der ihn jedoch dringend bat, wieder ganz in die Heimat zurückzukehren.[7]

Doch erst vier Jahre nach Henriettes Geburt legten Carl Christian und sein erbprinzlicher Sohn Friedrich Wilhelm sämtliche Aufgaben in den Niederlanden nieder, nachdem der Vater auch seit kurzem die Feldmarschallswürde des Oberrheinischen Kreises übertragen bekommen hatte.[8]

»Emmys« Kindheit

Bei Henriettes Geburt waren die Mutter 38 Jahre und der Vater 45 Jahre alt. Henriette war bereits die dreizehnte Niederkunft, allerdings sind sechs Kinder entweder früh verstorben oder totgeboren. Nach niederländischen Quellen soll es nach Henriette 1784 und 1785 noch zwei Geburten gegeben haben, die jedoch nicht überlebten;[9] so blieb denn Henriette das Nesthäkchen in der Geschwisterschar.

Maria, die älteste, war 16 Jahre alt und Luise zählte auch schon 15 Lenze; der älteste Sohn, Erbprinz Friedrich Wilhelm, war 1768 geboren; ihn sah Henriette in den ersten Jahren wohl wenig, da er bereits früh in niederländische Dienste trat und seit 1784 an der Universität in Göttingen weilte; Caroline, Jahrgang 1770, war wohl auch keine Spielkameradin mehr für Henriette, eher schon eine Art Aufsichtsperson; zu Karl, dem fünf Jahre älteren Bruder hatte Henriette bis zu seinem frühen Tod 1807 ein gutes Verhältnis; Amalie war nur vier Jahre älter und zweifellos die erfahrenere Spielgefährtin.[10]

Auf die Kindheit Henriettes im Kirchheimbolandener Schloss mit angrenzendem großen Schlossgarten legte sich jedoch bereits nach wenigen Jahren ein düsterer Schatten: Kurz nach ihrem siebenten Geburtstag starb ihre Mutter am 6. Mai 1787, und eineinhalb Jahre später, am 28. November 1788, der Vater, den der Dichter Schubart als einen Fürsten voll *Gutmütigkeit, Menschenhuld und Gottesliebe* beschrieb.[11]

Glaubt man den frühen Biographen, so hatte sie später keine klare Erinnerung mehr an das Bild ihrer Mutter.[12] Dies könnte den Schluss zulassen, dass die Bindung an die Mutter, wie oft in Fürstenhäusern, nicht sehr stark und auch deren Erziehungseinfluss nicht allzu groß gewesen sind. Folgt man früheren Darstellungen der Wesenszüge der Mutter, so fällt auf jeden Fall auf, dass Henriette – unabhängig vom eventuellen mütterlichen Einfluss – fundamentale Eigenschaften geerbt haben muss, Eigenschaften, die sie später so auszeichneten: Frömmigkeit und Religiosität, Tugendhaftigkeit und vor allem Wohltätigkeit. Nicht ohne Grund liest man unter einem Kupferstich Carolines die Inschrift: *Die grossmüthigste Beschützerin der Armen.*[13]

Bedenkt man die künstlerisch-musikalischen Fähigkeiten und Interessen der reifen Henriette[14], dann waren es nicht nur die Gene der Mutter, die sich auswirkten, vielmehr ist mit großer Wahrscheinlichkeit anzunehmen, dass die Mutter Caroline dem heranwachsenden Kind einen professionellen Kunstunterricht durch den Hofzeichenmeister Karl Matthias Ernst, einen bekannten Kupferstecher, geben ließ, ebenso wie ihrem Sohn Karl und den anderen beiden Töchtern Maria und Caroline.[15]

Was die Musik angeht, so verfügte der Kirchheimbolandener Hof über ein ausgezeichnetes ständiges Hoforchester mit vielen Aufführungen. Das war weiter nicht verwunderlich, denn die begabte Caroline war von Kindesbeinen an in Gesang und Klavier geschult, trat selbst in Konzerten auf und hatte 1765 und 1766 den jungen Mozart im niederländischen Haag zu Gast, wo das zehnjährige Wunderkind ihr sechs Sonaten für Klavier und Violine (KV 26–31) widmete. Aber auch 1778 spielte Mozart ausgiebig in der Hofkirche zu Kirchheimbolanden auf der berühmten Stumm-Orgel, der so genannten Mozart-Orgel.[16]

Nach dem Tod der Eltern kam das Waisenkind Henriette unter die rechtliche Vormundschaft des Fürsten Carl Wilhelm von Nassau-Usingen, der auch die jährlichen Vermögensrechnungen des Mündels aufstellen lassen und unterzeichnen musste. Danach war Henriette kein armes Kind: 94.621 fl. (Gulden) hat die Mutter testamentarisch hinterlassen; dazu eine jährliche persönliche Zuweisung aus dem Testament des Vaters von 866 fl. Diese Zuwendung und die Zinsen aus dem mütterlichen Anteil von jährlich 1.650 fl. ergaben eine ordentliche Finanzausstattung.[17]

Fürst Carl Wilhelm war auch noch knapp zwei Monate der Vormund des Erbprinzen Friedrich Wilhelm, des ältesten Bruders von Henriette. Bereits Ende Januar 1789 erhielt dieser aber die so genannte »Venia Aetatis«, also die Volljährigkeit und die Regierungsfähigkeit.[18]

Friedrich Wilhelm fühlte sich nun auch verantwortlich für seine noch nicht volljährigen Geschwister und ließ ihnen gute Erziehung und Unterricht angedeihen, wobei er den Unterricht in Geschichte angeblich selbst übernahm.[19] Friedrich Wilhelm erlebte als Regent nicht gerade ruhige Zeiten: Wechsel im Amt des Regierungspräsidenten von Freiherr von Botzheim zu seinem Studienfreund Hans Christoph von Gagern, 1788 Verheiratung mit Isabella von Sayn-Hachenburg, Geburt des Erbprinzen im Jahre 1792 und die unmittelbaren Auswirkungen der Französischen Revolution mit dem Ersten Koalitionskrieg. Aber Schutz und Schirm gab er seinen Geschwistern, so gut er konnte, zweifellos immer in lobenswerter Weise.[20]

Kurz nach dem Tod der Eltern begann für die kleine »Emmy« – so nannte sich Henriette wohl selbst, als sie sprechen lernte; von den Familienangehörigen wurde sie noch viele Jahre so gerufen[21] – eine schwierige Zeit. Sie war neun Jahre alt, als die ersten Schreckensnachrichten von der Französischen Revolution mit ihren zunehmend radikalen Umtrieben, schlechter Behandlung der Königsfamilie, der Adeligen sowie der Kirchen und Klöster in die Pfalz vordrangen.

1791/92 formierten sich im Reich unter Führung Österreichs und Preußens die konterrevolutionären Kräfte mit der Folge, dass im April 1792 Paris diesen Koalitionsmächten den Krieg erklärte. Bereits im Juli 1792 marschierten die ersten Reichstruppen durch Henriettes linksrheinische Heimat, konnten aber nach anfänglichen Erfolgen auf nordfranzösischem Gebiet nicht verhindern, dass bereits im September/Oktober 1792 französische Truppen in die Pfalz sowie über Speyer und Worms bis nach Mainz strömten.[22]

Fürst Friedrich Wilhelm befand sich zu diesem Zeitpunkt auf rechtsrheinischem Gebiet. Fürstin Isabelle musste mit dem zweieinhalb Monate alten Erbprinzen Wilhelm, der weiblichen Dienerschaft und wohl auch Henriette und ihren jüngeren Geschwistern überstürzt von Kirchheimbolanden über Mainz nach Weilburg flüchten.

Als sich französische Einheiten Anfang November überraschend auch dem Residenzstädtchen an der Lahn näherten, setzte sie die Flucht nach Hachenburg, ihre etwas entfernter liegende und sicherere Heimat, fort.[23] Der Fürst folgte am 13. November, nachdem er trotz teuer erkauftem Freiheitsbrief für sein Land Schlimmes erleben musste: weitere verheerende Geld- und Naturalleistungen, drohende Geiselhaft, Plünderungen, auch in seinem Schloss.[24] Revolutionäre Umtriebe in Weilburg veranlassten ihn, schon am 30. November dorthin zurückzukehren.[25]

Im Frühjahr 1793 war die Gefahr der Franzosen in Weilburg zunächst gebannt.[26] In der Folgezeit ergaben sich auch linksrheinische Erfolge der Koalitionstruppen, sodass im Mai 1794 die Pfalz für rund sechs Wochen völlig frei von französischen Truppen war, was den Fürsten Friedrich Wilhelm zur kurzzeitigen Rückkehr nach Kirchheimbolanden bewog, dessen Bürger ihn überschwänglich begrüßten.[27] Das dortige Residenzschloss war jedoch auch schon Plünderungen und Verwüstungen ausgesetzt gewesen.[28]

Eine kurze, »verwehte« Jugend

Mit dem Baseler Neutralitätsfrieden vom April 1795 trat Preußen aus dem Koalitionskrieg aus und gab damit auch linksrheinische Gebiete preis. Wenig später gehörte Henriettes Heimat Kirchheimbolanden zum neu gebildeten »Département du mont tonnerre« (Donnersberg-Departement) und wurde bis zum Ende der napoleonischen Herrschaft der Zentralregierung in Paris unterstellt.[29] Der Wiener Kongress von 1814/15 gab im Zuge der Neuordnung Europas die Heimat Henriettes nicht mehr in nassauische, sondern in bayerische Hände, wo sie bis 1945 blieb.

Im rechtsrheinischen Weilburg fühlte sich die Fürstenfamilie samt Henriette einige Zeit sicher, blieb aber auf Grund von durchziehenden Koalitionstruppen und Lazaretteinrichtungen mit dem Kriegsgeschehen in ständiger Tuchfühlung. Die fürstlichen Familienangehörigen waren gelegentlich sogar gerne bereit, als Taufzeugen bei österreichischen Soldatenfamilien aufzutreten, so auch Henriette am 11. Januar 1795.[30]

Als im Spätsommer 1795 die Franzosen wieder nach Weilburg vordrangen, verließ die fürstliche Familie am 15. September erneut die Residenz und begab sich nach Hanau, allem Anschein nach in das Altstädtische Schloss.[31]

Der 15-jährigen Henriette konnte nicht verborgen bleiben, dass der fürstliche Bruder und die Schwägerin sorgenvoll in die Zukunft blickten. Nicht zufällig hatte man sich in das zu Hessen-Kassel gehörende Hanau geflüchtet. Zum einen lag diese Residenz am Main vor den Toren Frankfurts nicht allzu weit von der Heimat entfernt, zum anderen hatte Hessen-Kassel, das spätere Kurhessen, Anfang September 1795 nach preußischem Vorbild einen Separatfrieden mit Frankreich geschlossen.[32] Dazu kam, dass die verstorbene Mutter Friedrich Wilhelms und Henriettes auf Grund der gemeinsamen Abstammung vom englischen König Georg II. eine Cousine des Regenten von Hessen-Kassel war, mit dem auch der Vater seit langem eng befreundet war.[33]

Nachdem sich die französische Division aus Weilburg zurückgezogen hatte, konnte der Weilburger Hof am 15. Dezember 1795 zurückkehren.[34] Ein Hin und Her blieb ihm jedoch auch weiterhin nicht erspart. Be-

Herzogin Henriette als junge Frau

reits am 5. Juni 1796 musste die Residenz wieder geräumt werden, nachdem Österreich kurz zuvor einen Waffenstillstand mit Frankreich aufgekündigt hatte.[35] Dieses Mal wurde es ein Abschied für lange Zeit. Die Flucht ging über Frankfurt mainaufwärts nach Würzburg und über das Jagdschlösschen Aub des Würzburger Fürstbischofs sowie die Ansbacher Territorien nach Bayreuth, das nun für volle vier Jahre Emigrationsort der Fürstenfamilie wurde.[36] Die Fürstenfamilie war mit vermindertem Hofstaat und dem »Regierungschef«, dem Geheimen Rat Hans Christoph von Gagern, samt dessen Familie nach Bayreuth gezogen; die Verwaltung und Teile der Regierung unter dem Geheimen Rat Medicus blieben in Weilburg zurück.[37]

Die Markgrafschaft Ansbach-Bayreuth gehörte seit 1791 zu Preußen und wurde direkt von Berlin aus regiert und von Karl August von Hardenberg, dem späteren preußischen Staatskanzler und Reformer, beaufsichtigt und geführt.[38] Da Preußen mit seiner Neutralitätspolitik manche deutsche Fürsten in Schwierigkeiten gebracht hatte, fühlte es sich als eine Art Schutzmacht für Emigranten und bot auf seinem Staatsgebiet Zuflucht. Für süddeutsche Fürsten war die Markgrafschaft Ansbach-Bayreuth der nächstgelegene »sichere Hafen«. Insbesondere Erlangen, Ansbach und Bayreuth waren für Jahre und gerade auch 1796 geschätzte Zufluchtsstätten des deutschen Adels, aber auch für Revolutionsflüchtlinge aus Frankreich ein beliebtes Refugium.[39]

PRINZ LOUIS,
DER ANGEHENDE GEMAHL

»Hermann und Dorothea« in Bayreuth

Im Neuen Schloss zu Bayreuth wohnte ein württembergischer Prinz Ludwig, zumeist Louis gerufen, seines Zeichens preußischer Generalleutnant und Generalgouverneur der ehemals fränkischen Fürstentümer Ansbach und Bayreuth. Unter den Neuankömmlingen aus Weilburg befand sich die blutjunge, attraktive Prinzessin Henriette, die der 40-jährige Gouverneur Louis besonders reizend fand. Mag es nun im Bayreuther Hofgarten oder in den Anlagen der Eremitage gewesen sein, die beiden kamen sich näher, verlobten sich im September 1796 und heirateten bereits am 28. Januar 1797.[40]

Just in dieser Zeit zwischen September 1796 und März 1797 schrieb Goethe an seinem Versepos »Hermann und Dorothea«, neun Gesänge zur Flüchtlingsproblematik der damaligen Zeit, und er lässt das verarmte, aber tüchtige und schöne Flüchtlingskind Dorothea zum einheimischen, gut situierten, verliebten Hermann letzten Endes sagen: *Euer Antrag war kurz, so soll die Antwort auch kurz sein! Ja, ich gehe mit Euch, und folge dem Rufe des Schicksals.* Nur war es jetzt in Bayreuth kein normales Flüchtlingsmädchen, sondern eine verwaiste, noch nicht einmal volljährige Prinzessin mit ungewisser Zukunft, laut Ehevertrag mit dem wohltönenden Titel »Prinzessin zu Nassau, Gräfin zu Saarbrücken und Saarwerden, Frau zu Lahr und Mahlberg, auch Wiesbaden und Idstein.«[41] Ein nassauischer Hofpoet dichtete damals: *In der Eremitage schattigen Lauben, am Rosenpfad, warb Louis die fürstliche Hand. – Liebe sangen Vögel, girrten die Tauben, Liebe lispelt der Fürst, bis er Gegenliebe fand.*[42]

Es war der erste Eintrag des Jahres 1797 in das Trauregister der evangelisch-lutherischen Stadtkirche Bayreuth (Hofgemeinde) als in Gegenwart vieler hochfürstlicher und anderer hoher Anwesender der Konsistorialrat und Schlossprediger Kapp nach einer kurzen Rede die Kopulation – die eheliche Verbindung – und die Einsegnung im Festsaaltrakt von Schloss Eremitage vornahm.[43]

Der Ehevertrag

Wie aus den Trauungsunterlagen, aber auch dem Ehevertrag hervorgeht, fand die Einsegnung für den Württemberger Prinzen in seiner evangelisch-lutherischen Konfession statt; die Nassauer Braut gehörte jedoch der reformierten Kirche an. Gleich im ersten Vertragsparagraphen wurde Louis daher verpflichtet, dass er die *Ausübung der reformierten Konfession der Braut facilitieren*, das heißt erleichtern soll.[44]

Überhaupt wurden die Eheleute zu einer lutherischen und standesgemäßen Erziehung der Nachkommen angehalten. Und die Vormundschaft über den Prinzen Adam, den mitgebrachten Sohn des Ehemanns, sowie über eventuelle Leibeserben, zählte beim Ableben des Vaters zu den »heiligsten Pflichten« Henriettes, die sich dabei aber ganz der Leitung des jeweils regierenden Herzogs von Württemberg unterwerfen sollte. Außerdem sollte sie gegebenenfalls ihren Witwensitz in Württemberg nehmen und dann lebenslänglich, wie auch die Kinder, einen standesgemäßen Unterhalt erhalten, dazu ein möbliertes standesgemäßes Schloss auf Kosten der herzoglichen Rentkammer.

Von nassauischer Seite wurden der Braut, die auf Nachfolgerechte verzichten musste und als endgültig abgefunden galt, eine standeswürdige Ausstattung an Kleidern und Schmuck sowie 20.000 rheinische fl. als Heiratsgut und 10.000 fl. aus der Erbschaft der Mutter zugesichert. Letzteres sollte einen Tag nach dem Beilager, also der Hochzeitsnacht, ausbezahlt werden. Schwierigkeiten gab es mit dem Heiratsgut; wegen der Kriegseinwirkungen in Nassau stand das Geld nicht zur Verfügung, sollte aber mit Garantie des Fürsten zu vier Prozent bis zur tatsächlich erst 12 Jahre später begonnenen Raten-Auszahlung verzinst werden. Einen Tag vor der Hochzeitszeremonie wurde der Betrag um 5.000 fl. gekürzt, weil mehr als ein Viertel des Landes besetzt waren.

Louis, der sich verpflichten musste, die Aktiva seiner Frau zu erhalten, versprach die Zahlung einer so genannten Morgengabe von 2.000 fl. nach erfolgtem Beilager und die jährliche Zahlung von 200 fl. Zinsen an Henriette; außerdem die jährliche Zahlung von weiteren 1.300 fl., sodass der Ehefrau 1.500 fl. so genannte Hand- und Spielgelder zur freien Verfügung standen. Auch die standesgemäße Bedienung war vereinbart: eine Hofdame, ein Kammerdiener, eine Kammerjungfer, zwei Bediente und ein Mädchen für die Hofdame sowie eine Ausstattung von sechs Pferden mit Kutsche, Kutscher und Vorreiter nach württembergischem Dieneretat.

Sechs Unterschriften und Siegel beschlossen den Vertrag: vom seit 1795 regierenden württembergischen Herzog Friedrich Eugen und seiner Frau Friederike Sophie Dorothea, von den Brautleuten, von Fürst Friedrich Wilhelm von Nassau-Weilburg sowie von Fürst Carl Wilhelm von Nassau-Usingen, dem Vormund der minderjährigen Henriette, die jedoch durch die Heirat die Volljährigkeit erlangte.

Nach der Hochzeit berichteten nicht nur die Bayreuther Zeitung und die Schwäbische Chronik in Stuttgart über das Ereignis, es gingen auch offizielle Mitteilungen an zahlreiche deutsche und europäische Regenten. Auf diese formellen so genannten Notifikationen gingen dann in Stuttgart-Hohenheim, dem Sitz des württembergischen Regenten, und beim Nassau-Weilburger Hof förmliche Glückwunschschreiben ein.

Prinz Louis und sein bisheriges Leben

Geboren wurde der Prinz am 30. August 1756 im hinterpommerschen Treptow an der Rega (Trzebiatow) als zweites Kind des Herzogs Friedrich Eugen von Württemberg und seiner Frau Friederike Sophie Dorothea von Brandenburg-Schwedt.[45] Der Vater, ein Bruder des Stuttgarter Regenten Carl Eugen, war in preußische Militärdienste getreten und hatte 1753 eine Nichte Friedrichs des Großen geheiratet. Als Chef des Dragonerregiments Alt-Württemberg war er in Treptow stationiert und wohnte mit Frau und Familie zunächst im dortigen Schloss. 1754 wurde der spätere erste württembergische König Friedrich geboren, Louis folgte 1756, jenem Jahr, in dem der Siebenjährige Krieg (1756–63) begann. Als die Gegend von Treptow bereits 1757 unsicher wurde, begab sich die Mutter mit ihren zwei kleinen Söhnen in das Haus des Präsidenten Grumbkow am Rossmarkt in Stettin und blieb dort – mit Ausnahme eines kurzen Aufenthalts bei ihrem Vater in Schwedt – bis zum Ende des Krieges. Trotz häufigen Militäreinsatzes des Regimentskommandeurs Friedrich Eugen erhöhte sich die Zahl der Kinder bis 1763 auf sechs: fünf Brüder und eine Schwester, die spätere Zarin Maria Feodorowna. Doch auch danach blieb der Familie der Kindersegen erhalten, sodass die Mutter Dorothea 1772 schließlich auf insgesamt 12 Geburten zurückblicken konnte.[46]

Die Mutter, Anhängerin Rousseaus, war bestrebt, den Kindern die Natur näher zu bringen oder in voller Schlichtheit den Umgang mit der Bevölkerung einzuüben, indem sie mit ihnen an der Hand durch das Städtchen spazierte und sie zum freundlichen Grüßen anhielt. Zu den Ausfahrten wurden die Kinder, wenn es ging, mitgenommen. Sie fuhren dann im Sechsspänner der Mutter oder in eigenen Kutschen mit ihren Erziehern. Als Gouverneure der Prinzen sind bekannt der Baron von Freilitsch, Friedrich von Maucler, die Magister Cleß und Holland.[47] Da sich Prinz Louis als Lieblingsenkel teilweise bei seinem Großvater, dem Markgrafen von Brandenburg-Schwedt, aufhielt, genoss er dort auch die Erziehung des Gouverneurs du Verdun.[48]

Nach einem Angebot des württembergischen Herzogs Carl Eugen durfte sich die Familie 1769 in der zum Herzogtum gehörenden Grafschaft Mömpelgard (Montbéliard) an der Burgundischen Pforte niederlassen, zunächst im Stadtschloss selbst. Seit 1770 wurde jedoch nach den Wünschen von Herzogin Dorothea wenige Kilometer vor der Stadt in einem Dorfflecken das nicht erhaltene Schlösschen Etupes mit einem Garten errichtet.[49]

Die vier ältesten Söhne von Friedrich Eugen und Dorothea, darunter auch der 13-jährige Prinz Louis, gingen mit ihrem Gouverneur von Maucler und den beiden Lehrern Holland und Pfleiderer nach Lausanne zur weiteren Ausbildung und wurden von 1769 bis 1772 nach straff organisierten Plänen instruiert und beaufsichtigt.[50] Graf Golovkin wusste später zu berichten, Prinz Louis habe eine »Société morale de Lausanne« gegründet, die sich zum Ziel setzte, die Mitglieder durch Konversation und Korrespondenz gegenseitig aufzuklären.[51] Nach dem Bildungsaufenthalt in Lausanne und diversen Bildungsreisen trat Louis 1774 auf Fürsprache seiner Mutter in den preußischen Militärdienst ein wie auch sein älterer Bruder Friedrich.[52] 1775 Obristlieutenant, 1776 mit einem Gehalt von 2.000 Talern beim Infanterieregiment Möllendorff angestellt und auf Drängen Friedrichs des Großen, seines Großonkels, von seinem württembergischen Onkel Carl Eugen auch noch mit einer jährlichen Apanage von 2.000 fl. ausgestattet, erhielt er schließlich 1779 nach Gefechtserfahrungen im Bayerischen Erbfolgekrieg den Rang eines Obristen und 1782 den eines Generalmajors des Kürassierregiments Nr. 5.[53] Damit hätte man zurechtkommen können, doch zeigte sich sehr bald, dass Louis nicht zu den Sparsamen im Lande gehörte, was selbst im militärischen Bereich dem König auffiel.[54] Bereits 1779 sah sich der Vater in Mömpelgard veranlasst, dem Sohn einen genauen Plan über seine Einnahmen und Ausgaben sowie den Verkauf von überzähligen Pferden vorzulegen. Die älteste Schwester, seit 1776 als Frau des russischen Zarewitsch zur Großfürstin Maria Feodorowna in Sankt Petersburg aufgestiegen, gab ihm jährliche Zuwendungen von weiteren 2.000 Talern.[55] Der Plan des Vaters sollte dabei helfen, aufgelaufene Schulden in Höhe von rund 4.300 Talern innerhalb von drei Jahren zu tilgen.[56]

Wie lange das Versprechen und der Wille zum Sparen angehalten haben, wissen wir nicht. Es deutet jedoch manches darauf hin, dass sich Louis im Jahre 1784 in einer finanziellen Misere befand und sich durch die Heirat mit einer reichen Frau daraus befreien wollte.[57] Der Prinz hatte im Frühjahr 1784 die begüterte 16-jährige polnische Fürstin Maria Anna Czartoryska kennen gelernt und im Oktober des gleichen Jahres in ihrer polnischen Heimat ohne vorherige Zustimmung seiner Eltern geheiratet.[58] Glaubt man den Erinnerungen der Baronin von Oberkirch, einer intimen Kennerin des Mömpelgarder Hofes, dann waren der Prinz und die junge Fürstin ein verliebtes junges Paar, dessen Heirat der nachträglichen Genehmigung durch die Mömpelgarder Eltern bedurfte, die dank der geschickten Unterstützung durch die Baronin letztlich erfolgte.[59]

Die Familie Czartoryski war zwar den Württembergern nicht ebenbürtig, da kein souverän regierendes Haus, aber neben den Potocki, Radziwill und Flemming eine der mächtigsten Familien Polens. Sie war 1765 nur durch die Intervention der Zarin Katharina für ihren Günstling Poniatowski um die polnische Wahlkönigskrone gebracht worden.[60]

Entsprechende Missbilligung fand dann auch die Heirat bei der Zarin, die eine Stärkung der polnischen Opposition gegen Russland und größere Schwierigkeiten bei künftigen polnischen Teilungen argwöhnte. Preußen und Österreich sahen es ähnlich, und der württembergische Erbprinz Friedrich, der als General und Gouverneur von Finnland in den Diensten der Zarin stand, fürchtete um seine Karriere in Russland.[61]

Die Bedenken hinsichtlich des Bestandes der Ehe, welche die Mutter des Prinzen Louis wegen der jugendlichen Unreife des Paares geäußert hatte[62], wurden von Friedrich dem Großen, dem Dienstherrn von Louis, geteilt. Das neu vermählte Paar hatte sich bei ihm in Potsdam vorgestellt, und einen Tag später fand sich Maria Annas Mutter, eine geborene Gräfin Flemming, zu einer Audienz beim greisen Preußenkönig ein. Seine Meinung über die beiden war nicht gerade ermutigend: Maria Anna empfand er als Engel, für sie wolle er immer ein Freund sein, sie könne zu ihm kommen, wenn immer es notwendig sei. *Sie hat meinen Neffen geheiratet, aber ich muss Ihnen offen sagen, dass sie nicht füreinander geschaffen sind, sie ist ein Engel und er –. […] Alles was ich jetzt sagen will ist, dass dies nicht von Dauer sein kann.*[63]

Der König sollte recht behalten. Nach vorübergehendem Aufenthalt des Ehepaars in Belgard und Treptow zog man 1786 in die etwas südlicher gelegene Garnisonstadt Stargard in Hinterpommern.[64] Hier war man fremd, und die der deutschen Sprache kaum mächtige, jedoch durchaus emanzipierte Maria Anna[65] mit vielen geistigen Interessen bekam zunehmend Schwierigkeiten mit ihrem militärischen Drill und Gehorsam gewohnten prinzlichen Gemahl.

Ein Zeichen des gestörten Eheverhältnisses dürfte die 1786 in Belgard erfolgte Geburt eines unehelichen Sohnes, des später in Württemberg geadelten Rittmeisters Freiherr Ruknick von Mengen sein, der zeitlebens mit seinem Vater Kontakt hielt.[66] Retardierendes, dann aber auch forcierendes Moment der Ehezerrüttung war die Übernahme eines Generalspostens durch Louis in der polnischen Armee unter Beibehaltung seines preußischen Militärstatus', was Maria Anna wieder in ihre geliebte Heimat zurückbrachte. 1789 erhielt Louis das an Auswärtige selten verliehene polnische Bürgerrecht, 1790 das preußische wie auch das polnische Generalleutnants-Patent und das Kommando von Warschau; 1792 aber auch die Position eines kommandierenden Generals in der Auseinandersetzung zwischen einer Gruppe von polnischen Anhängern der Zarin Katharina, gestützt von einer russischen Armee, und der polnischen Armee. In Südpolen, in der engeren Heimat der Czartoryski, stand das Korps des Prinzen Louis im Mai 1792 hoffnungslos einer russischen Übermacht gegenüber, und Louis lief – angeblich auf Anraten seiner Schwester Maria Feodorowna – zu den russischen Linien über. Dieser Verrat an der polnischen Sache wurde ihm in Polen nicht nur lange nachgetragen, er war trotz der im Januar 1792 erfolgten Geburt des gemeinsamen Sohnes Adam für die glühende Nationalistin Czartoryska der Anlass, nach vielen enttäuschenden Jahren die Scheidung endlich einzureichen. Diese erfolgte 1793 durch ein polnisches Gericht, allerdings mit der für Maria Anna äußerst schmerzlichen, jedoch im Ehevertrag festgelegten Übergabe des Sohnes an Louis im Jahre 1794. Für Louis mit seinem aufwändigen Lebens- und Hofhaltungsstil bedeutete dies einen Rückfall in eine große finanzielle Misere, musste er doch auf mehr als eine halbe Million Goldgulden aus der noch nicht ausgehändigten fürstlichen Aussteuer und bei seiner fluchtartigen Ausreise auch auf all seine Habe verzichten.[67]

Louis kehrte in preußische Dienste zurück, nahm 1792–94 am 1. Koalitionskrieg gegen Frankreich teil und wurde schließlich nach einem Zwischenaufenthalt in Württemberg im Juli 1795 Gouverneur von Ansbach-Bayreuth. Dieses Amt hatte vorher sein 1792 aus Mömpelgard vertriebener Vater Friedrich Eugen inne gehabt. Die Gouverneursposition beinhaltete keine besonderen Befugnisse, sondern war eher eine Versor-

Herzog Louis, Gemahl der Herzogin Henriette, mit dem kleinen Adam

gungsstelle mit 9.000 fl. Jahresgehalt und freier Wohnung im Bayreuther Schloss samt großzügiger Naturalienausstattung. Im Unterschied zu seinem Vater bemühte sich Louis, wenigstens die Befugnisse eines Gouverneurs von preußischen Provinzialhauptstädten zu erlangen. Das war bescheiden genug: tägliches Abfordern der Logiszettel von den Wirten; Mitwirkung in Polizeiangelegenheiten, soweit sie das Militär betrafen; Ernennung eines Offiziers zur Festsetzung der Preistaxen und zu Feuervisitationen.[68]

Das war also die damals und auch später oft verschwiegene andere Seite des Mannes, dem Henriette ihr Ja-Wort gab und mit dem sie ihr Leben fortan teilte. Die Bedenken in der Verwandtschaft gegenüber dem freundlichen, durchaus kommunikativen[69], manchmal aber auch schwierigen, unzuverlässigen und ungeheuer ausgabefreudigen geschiedenen Gouverneur mit einem ehelichen und einem nichtehelichen Sohn brachte niemand deutlicher zum Ausdruck als seine stets hilfsbereite Schwester Maria Feodorowna. In einem vertraulichen Schreiben vom 11. August 1797 an den Bruder Eugen gibt sie ihrer Betrübnis über die neuerliche Heirat Ausdruck und charakterisiert Louis als gutherzigen, aber wenig feinfühligen Mensch, um schließlich festzustellen: *Ich sehe voraus, dass seine zweite Frau ganz gleich unglücklich werden wird wie die erste und dass es ihnen in einem Jahr gegenseitig leid tun wird, sich verheiratet zu haben.*[70]

DIE JUNGE FAMILIE

Die Gouverneurszeit

Von einer Gouverneurszeit in Bayreuth zu sprechen wäre übertrieben – wir finden das junge Ehepaar entweder zusammen oder einzeln immer wieder an verschiedenen Orten, wohl auch ein weiterer Beleg dafür, wie unbedeutend die Funktion von Louis war.

Zu Beginn des Sommers 1797 finden wir Henriette in Begleitung ihres Bruders Karl, ihres Mannes sowie ihres Stiefsohnes in Treptow, dem Geburtsort, früheren Wohnsitz und Standort von Louis.[71]

Anschließend begab sie sich mit ihrem Gemahl in das Schloss ihres Schwagers Eugen nach Carlsruhe in Schlesien (heute Pokój) und blieb dort bis zu ihrer ersten Niederkunft. Vermutlich fühlte sie sich in der unmittelbaren Nähe der schon fünfmal und zuletzt im Sommer 1797 Mutter gewordenen Schwägerin Luise geborgen und willkommen. Am 1. November 1797 gebar die 17-jährige Henriette ihr erstes Kind, eine Tochter, der man die Namen *Marie* Dorothee Wilhelmine Caroline gab.[72] Marie wohl nach der hochrangigen Tante, der russischen Zarin Maria Feodorowna; Dorothee nach der Großmutter väterlicherseits, zu dieser Zeit Frau des regierenden württembergischen Herzogs Friedrich Eugen. Neben diesen später allein gebräuchlichen Vornamen sind die anderen Namen Würdigungen von Henriettes niederländischem Großvater und ihrer Mutter.

Eine dauerhafte Bleibe konnte und sollte das schlesische Carlsruhe nicht sein; zum einen war den Gastgebern vier Wochen nach Marie Dorothees Geburt ein fünfjähriges Söhnchen gestorben, zum anderen brannte das Schloss am 8. Februar 1798 völlig ab und musste neu aufgebaut werden.[73] Weder Carlsruhe noch Bayreuth war für ein junges Paar, das ein selbständiges Leben führen wollte, das richtige Zuhause. So ist es wohl zu erklären, dass Louis 1798 das Schloss Wallisfurth (Wolany) bei Bad Altheide nebst Gütern in Stolzenau, Seifersdorf und Oberschwedeldorf in der niederschlesischen Grafschaft Glatz erwarb oder verliehen bekam.[74] Aber auch mit dem preußischen Militär schien Louis weiterhin Kontakt zu halten; am 24. Mai 1798 wurde er zum General der Kavallerie befördert.[75]

Von Schloss Wallisfurth aus zeigte Prinz Louis dem Regenten in Stuttgart die Geburt einer weiteren Tochter an. Am 28. Juni 1799 wurde hier Prinzessin *Amalie* Philippine Wilhelmine Luise geboren. Da im Dezember 1797 der Vater Friedrich Eugen und wenig später im März 1798 auch die geliebte Mutter Friederike Sophie Dorothea gestorben war, musste sich Louis an den nun in Stuttgart regierenden Bruder Friedrich wenden, damit dieser die Patenschaft übernahm.[76]

Im August 1799 finden wir Henriette in Bayreuth als Taufzeugin eines dort geborenen Sohnes des leitenden Nassau-Weilburger Ministers von Gagern. Der Täufling Heinrich wurde 1848/49 Präsident der Nationalversammlung in der Frankfurter Paulskirche.[77]

Um diese Zeit herum muss sich Louis Verletzungen beim Sturz vom Pferd zugezogen haben, die letztlich am 22. März 1800 zu seiner Demission aus dem preußischen Militärdienst führten. Zum Abschied verlieh ihm der Preußische König den Titel eines Generalfeldmarschalls und eine Pension von 5.000 Talern.[78] Schon Ende 1797 hatte er von der preußischen Krone das südpreußische Zarembiče mit Gut und Vogtei Przyrów im Kreis Tschenstochau geschenkt bekommen.[79] Am 7. April 1800 verzichtete Louis schließlich auf die Position des Gouverneurs von Bayreuth. Wenige Wochen später verließ auch Henriettes Bruder Friedrich Wilhelm mit seinem Hof die Stadt und kehrte in die nassauische Heimat zurück.[80]

Der Ruf ins Zarenreich

In Russland war 1796 Zarin Katharina die Große gestorben und ihr Sohn als Paul I. zum Herrscher aller Reußen aufgestiegen. Seine höchst einflussreiche Gemahlin Maria Feodorowna hatte weiter ein großes Augenmerk auf die württembergische Verwandtschaft, insbesondere auf den von ihr schon immer geförderten Bruder Louis. Betrachtet man das 1800 in Preußen angefertigte Schuldentableau,[81] so drängt sich die Vermutung auf, dass der verschuldete Prinz Louis seinen Gläubigern aus dem Weg gehen wollte und so gern das Angebot der Schwester, nach Russland zu kommen, annahm. Louis erhielt einen Gouverneursposten in Riga und wurde zum kaiserlich-russischen General der Kavallerie sowie zum Inhaber des Leib-Husaren-Regiments bestellt.[82] Die sicher gut honorierten Ehrenpositionen wurden noch angereichert durch die Nutznießung des Schlösschens und landwirtschaftlichen Gutes Würzau (Kronsvircava) südwestlich der alten kurländischen Herzogshauptstadt Mitau (Jelgava). 1804 wurde das Gut der Familie sogar zur fünfzigjährigen Nutzung mit jährlichen Einkünften übertragen.[83]

In Riga wohnte die Familie nicht – wie oft angenommen – im alten Ritterordensschloss, sondern jenseits der Düna in einem herrschaftlichen Stadthaus der großzügig angelegten Vorstadt St. Petersburg, dem Ausfalltor zur gleichnamigen Zarenhauptstadt. Denkbar ist jedoch, dass Louis im Schloss Diensträume zur Verfügung hatte.[84]

In dieser traditionsreichen, lebhaften Handelsstadt wird am 4. September 1800 das dritte gemeinsame Kind, Prinzessin *Pauline* Therese Luise geboren, die spätere württembergische Königin.[85] Am 26. Februar 1802 kommt im Schlösschen Würzau die vierte und letzte Tochter *Elisabeth* Marie Georgine Konstanze zur Welt. Wurde bei Pauline der damals regierende Zar Paul im Rufnamen gewürdigt, so war es bei Elisabeth die badische Ehefrau des seit 1801 regierenden Zaren Alexander.[86]

Der noch junge Alexander I. war Nachfolger seines nicht gerade populären und ermordeten Vaters Paul I. geworden. Mit seinem Regierungsantritt verbesserte sich die bisher bedrückende Atmosphäre in Sankt Petersburg. Nimbus, Prestige und ein gewisser Einfluss der überaus wohltätigen Zarenwitwe Maria Feodorowna waren auch weiterhin gegeben. Dies veranlasste wohl Prinz Louis, sich ab 1802 mit seiner Familie in die unmittelbare Nähe seiner Schwester und seines Zaren-Neffen nach Sankt Petersburg und Umgebung zu begeben. So wurde denn auch am 9. September 1804 der lang ersehnte Sohn *Alexander* Ludwig Konstantin Paul auf dem im Süden Sankt Petersburgs gelegenen Schloss

Pawlowsk geboren, der Residenz Maria Feodorownas. Wieder wurde im Rufnamen der Zar bedacht.[87]

Henriette verstand es, die Sympathie, das Vertrauen und die enge Freundschaft der 21 Jahre älteren Zarinmutter Maria Feodorowna, ihrer Schwägerin, dauerhaft zu gewinnen; ähnlich freundschaftlich war das Verhältnis zu deren Tochter Katharina (Pawlowna), ihrer acht Jahre jüngeren Nichte.[88] Beide, Henriette und Katharina, empfingen bei Maria Feodorowna nachhaltige Anregungen für ihr späteres karitatives Tun, die eine als Herzogin im württembergischen Kirchheim unter Teck, die andere als Königin in der schwäbischen Metropole Stuttgart. Äußerlich sichtbare Zeichen des guten Miteinanders waren die Verleihung des Großkreuzes des St. Katharinenordens an Henriette wie auch die Aufnahme ihres Gemahls in den St. Andreasorden, den höchsten russischen Orden, der auch den Alexander Newsky-, den Sankt Annen- und den Weißen Adlerorden umfasste.[89] Auf politischem Feld waren sich die drei Hoheiten einig in einer lebenslänglichen Abneigung gegen den ständig Krieg führenden Emporkömmling Napoleon.[90]

So erfreulich der Verkehr mit dem kaiserlichen Haus war, so beängstigend entwickelte sich aber auch der gesundheitliche Zustand Henriettes und ihres neugeborenen Sohnes. Alexander war so schwer erkrankt, dass man schon das Schlimmste befürchtete. Die Aufregungen und eine vom russischen Wetter ungünstig beeinflusste schwere Erkältung mit Lungenentzündung und Blutauswurf setzten dann Henriette auch nervlich so zu, dass nicht nur der eigene Leibarzt, sondern auch der Arzt des Zaren, Dr. Krihton, hinzugezogen werden musste.[91]

Rückkehr in deutsche Lande

Am 2. September 1805 meldete der Schwäbische Merkur unter Berufung auf eine Mitteilung der Hamburger Zeitung vom 24. August, dass in Travemünde eine kaiserlich-russische Fregatte aus St. Petersburg mit der Frau Herzogin Ludwig von Württemberg, also der Herzogin Henriette an Bord eingetroffen sei.

Die Familie begab sich von Travemünde in das kaum eine halbe Tagesreise entfernte Schloss Eutin. Herzog Peter Friedrich Ludwig von Oldenburg stellte seine holsteinische Sommerresidenz den nahe verwandten Gästen zur Verfügung. Immerhin war Louis der Bruder von Herzog Peters schon 1785 verstorbener Gemahlin. Wie lange genau die Gastfreundschaft von der achtköpfigen Familie und der 16-köpfigen Suite in Anspruch genommen wurde, ist unklar. Aus der Regestausgabe »Briefe an Goethe« Nr. 5/223 kann aber geschlossen werden, dass Herzogin Henriette noch in den ersten Oktobertagen ein Buch mit Zeichnungen des Malers Johann Heinrich Wilhelm Tischbein – des »Goethe-Tischbein«– an die Weimarer Herzogin Anna Amalia sandte, um den lange unterbrochenen Kontakt zwischen dem Künstler und Goethe wiederherzustellen. Tischbein wohnte zwar noch in Hamburg, verkehrte aber in Eutin, obwohl er erst 1808 zum Hofmaler bestellt wurde. Man mag sich über den guten Draht Henriettes nach Weimar vielleicht wundern, aber bereits 1804 hatte ihre Romanow-Nichte Maria Pawlowna den Erbprinzen von Weimar geheiratet und verfügte damit über beste Kontakte zu Goethe. Dieser nahm Eutin als eine Art Weimar des Nordens durchaus ernst, hatten sich doch dort um 1800 eine Reihe von Dichtern und Gelehrten wie beispielsweise Johann Heinrich Voß oder Friedrich Heinrich Jacobi eingefunden. Auch Goethes Nichte Luise Schlosser wohnte hier einige Jahre bis 1805.[92]

Nach diesem Aufenthalt im Schloss Eutin fuhr die württembergische Herzogsfamilie nach Weilburg, um schließlich mit Beginn der nächsten Kursaison 1806 lahnabwärts in das aufstrebende Bad Ems zu reisen. Den Kurgastlisten des Fürstlich-Nassau-Usingischen Badehauses zufolge trafen Louis und Henriette sowie ihr Bruder Karl am 15. Mai 1806 dort ein.[93] Das gedruckte Verzeichnis der Kurgäste erwähnt am 24. Mai 1806 als anwesende Kurgäste Herzog Ludwig *nebst Frau Gemahlin, Hoher Familie Suite und Bedienung*, die im Badhaus zehn Zimmer und fünf Anhangräume belegten. Karl mit Bedienung beanspruchte nur ein Zimmer und zwei Annexräume. Am 30. Juni morgens reisten die Genannten wieder ab.[94]

Viel hatte sich in der politischen Landschaft Europas seit der Heimkehr aus Russland getan. Anfang Oktober 1805 war Kurfürst Friedrich von Württemberg notgedrungen zum Verbündeten Napoleons geworden. Seit der Anfang Dezember von Russland und Österreich verlorenen Dreikaiserschlacht von Austerlitz zeichneten sich dank der Unterstützung für Napoleon eine Rangerhöhung Friedrichs zum König wie auch erhebliche Gebietsgewinne für Württemberg ab. Andererseits geriet das gute Verhältnis zwischen dem Stuttgarter Regenten und seiner Schwester Maria Feodorowna in St. Petersburg sowie seinem Neffen Zar Alexander I. in eine fast zwei Jahre dauernde »Eiszeit«.[95] An eine Rückkehr nach Russland konnte die Familie des Herzogs Louis nun nicht mehr denken.

Der Pressburger Friede Ende Dezember 1805 brachte tatsächlich beträchtlichen Gebietsgewinn durch Mediatisierung der Reichsritter- und Ordensritterschaft, das heißt deren Eingliederung in die württembergische Landesherrschaft. Zudem verlor Österreich seine so genannten vorderösterreichischen Besitzungen. Am 1. Januar 1806 gab der württembergische Regent die Erhebung des Landes zum Königreich öffentlich bekannt.[96]

Mit der Gründung des Rheinbundes im Juli 1806 und dem Verzicht des Kaisers auf seine bisherige Funktion mit einer staatsrechtlichen Erledigungserklärung war das Heilige Römische Reich deutscher Nation nicht nur faktisch, sondern auch rechtlich hinfällig.

Dem Rheinbund unter dem Protektorat Napoleons gehörten auch die Herrschaftsgebiete der Verwandten Herzogin Henriettes an. Ähnlich wie Württemberg waren die zwei nassauischen Linien für ihren linksrheinischen Gebietsverlust schon 1803 reichlich mit ehemaligen rechtsrheinischen Landesteilen der geistlichen Kurfürsten von Köln, Trier und Mainz entschädigt und nun mit dem politisch gewollten und freundschaftlichen Beitritt zum Rheinbund nochmals mit erheblichem Gebietszuwachs zwischen Wied, Weilburg und Mainz bedacht worden. Die Herrschaftsgebiete der Weilburger und Usinger wurden überdies zu einem kompakten Herzogtum Nassau mit Regierungssitzen in Weilburg und Wiesbaden zusammengefasst, wobei der kinderlose und ältere

Usinger Fürst Friedrich August zunächst die Herzogswürde und Henriettes Bruder als quasi gleichberechtigter souveräner Fürst von Weilburg die Anwartschaft auf den Herzogstitel und auf die alleinige Herrschaft im Herzogtum erhielt.[97]

Im Königreich Württemberg

Kurz nach dem Ende der Kur reiste die Herzogsfamilie über Darmstadt und Heilbronn nach Ludwigsburg und wohnte einige Wochen im Residenzschloss; am 30. August wurde der 50. Geburtstag des Herzogs in Anwesenheit des Königs und unter Abfeuerung von Kanonen von der Emichsburg im Ludwigsburger Schlossgarten gefeiert.

Im Herbst des Jahres 1806 bekam die Familie vom König als Domizil die zum Palais umgebauten und später miteinander verbundenen Gebäude der Stuttgarter Neuen Oberamtei und des Schmidschen Hauses, also ungefähr der Bereich des heutigen Innenministeriums an der Dorotheenstraße zugewiesen; und da der Hof sich zwischen April und Oktober nach Ludwigsburg begab, 1807 auch das dortige Erbprinzliche Palais, den heutigen Ratskeller.[98]

Im März 1807 wurde Herzog Ludwig zum württembergischen Feldmarschall der Kavallerie und zum Chef des so genannten Maison du Roi, der direkt dem König unterstehenden Haus- und Gardetruppen, ernannt; außerdem versah der König das vakante Jäger-Regiment zu Pferde mit dem Namen »Herzog Louis« (Louisjäger).[99] Mit diesen Ernennungen wollte der König seinen Bruder enger an sich binden, da das Verhältnis der beiden nie besonders gut war. Viel besser, ja sehr gut entwickelte sich das Verhältnis des Königs und seiner Frau Charlotte Mathilde zu Herzogin Henriette. Die Königin war 14 Jahre älter als ihre Schwägerin und kinderlos geblieben, aber sie freute sich über die sechs Kinder der neu Zugezogenen und war wohl auch nicht eifersüchtig, wenn ihr Mann neben dem regen Kontakt zu seiner Tochter Katharina aus erster Ehe auch Gefallen an der jungen, attraktiven und einfallsreichen Henriette fand. Die Königin und Henriette stammten zudem als Cousinen zweiten Grades vom gleichen Urgroßvater, dem englisch-hannoveranischen König Georg II., ab.[100] Im Regierungsblatt vom 28. April 1807 wurde vermerkt, dass sich die königlichen Majestäten samt Familie am 23. April vormittags bei Herzog Louis und Herzogin Henriette im Ludwigsburger Palais eingefunden hatten, um Henriette zu ihrem ersten in Württemberg gefeierten Geburtstag zu gratulieren und dort auch das Frühstück einzunehmen. Mittags gab es dann Tafel bei Hof, um 6 Uhr abends ein Schauspiel im Schlosstheater, bis man sich in das königliche Assemblée-Zimmer und den Festin-Saal zurückzog, wo in Anwesenheit auswärtiger Gesandter an mehreren Tafeln gespeist wurde.[101]

Carl Maria von Weber bei der Herzogsfamilie

Im April 1807 starb Henriettes Hofdame Adèle Belonde. Diese Französin hatte über ihre Pariser Schwester eine junge, von der Französischen Revolution betroffene Adelige aus der Nähe von Moulins (Departement Allier), Alexandrine des Echerolles, in den herzoglichen Haushalt vermittelt. Die mit Henriette fast Gleichaltrige blieb bis zu ihrem Tod 1850 eine der engsten Begleiterinnen der Familie:[102] zunächst als Gouvernante der Prinzessinnen, dann seit 1816 als Hofdame der Herzogin.

Fräulein Belonde hatte als Hofdame im schlesischen Carlsruhe ihre Finger auch im Spiel, als es galt, einen jungen Musikdirektor der Breslauer Oper mit ihrem Arbeitgeber, dem musikliebenden Herzog Eugen, und seinem beachtlichen Hoforchester in Kontakt zu bringen. Nach einem halben Jahr Gastspiel jedoch verließ dieser junge Musikus namens Carl Maria von Weber nach kriegsbedingter Auflösung des Orchesters Carlsruhe und stand im Juli 1807 plötzlich vor der Tür des Stuttgarter Theaters, das jedoch keine freie Stelle anbieten konnte,[103] obwohl er ein Empfehlungsschreiben des Herzogs Eugen, eines jüngeren Bruders des Königs, in der Tasche hatte, in dem zu lesen war: *Der Herr Baron von Weber wird die Ehre haben Ew. Hochwohlgeb. gegenwärtiges Schreiben zu überreichen. Ich bin so frei Ihnen diesen jungen Künstler in der Musick und eigener Composition, da er auf seiner Reise auch nach Stuttgardt zu kommen den Plan hat, bestens zu empfehlen. Er ist überall mit Beyfall aufgenommen worden, und wünscht das Glüke zu haben Sich auch da dem Hofe zu produciren.*[104] Bald indessen ergab sich für den 21-jährigen Weber eine andere Möglichkeit, sich bei Hofe zu produzieren, da Herzog Louis einen Privatsekretär für den zur Armee eingezogenen Sekretär Faber suchte.

Herzog Louis unterzeichnete am 17. August 1807 einen Anstellungsvertrag. *Da Wir gesonnen seind, den Herrn von Weber, als geheimen Sekretär in Unsere Dienste zu nehmen, so wollen Wir solches unter folgenden Bedingungen thun; Nehmlich, daß Selbiger, wie Wir es von ihm im voraus überzeugt seynd, Uns, treu, redlich, unverdrossen und mit wahrer Anhänglichkeit diehnen, Verschwiegenheitt auf Pflicht und Gewissen über alles ihm anvertraute beobachten, auch unverbrüchlich haltten; Unsern Vortheil bey allem hervorsuchen Unsern Nachtheil bey allem nicht nur vorbeugen sondern auch hindern wirdt. Endlich Unsere sämtliche Kinder, im Schreyben, der Musique und sonstigen guten deutschen Schreybarth unterrichten.*[105]

Für diese Dienste war ein quartalsweise auszuzahlendes Gehalt von 400 fl. jährlich samt freiem Zimmer, kostenloser Heizung und Licht vorgesehen.[106] Nicht gerade ein üppiges Gehalt für den schon von Breslau her ganz ordentlich Verschuldeten, der in Ludwigsburg und Stuttgart ein durchaus opulentes Leben mit eigenem Reitpferd führte. Im Grunde war Weber mit dem administrativen Teil seiner Tätigkeit, bei dem die Finanzen, besser gesagt die Schulden des Herzogs und seines Sohnes Adam aus erster Ehe zu »managen« waren, hoffnungslos überfordert.

Von seinen musikalisch begabten und tätigen Eltern war der in Eutin geborene Carl Maria immer nur zu einem Leben für die Musik erzogen worden. Man hatte dem potentiellen Wunderkind auf allen wichtigen Stationen seines unsteten Wanderlebens in Deutschland und Österreich gute Lehrmeister an die Seite gestellt: Johann Peter Heuschkel in Hildburghausen, Michael Haydn in Salzburg, Abbé Vogler in Wien.[107] Aber er hatte nicht gelernt, mit eigenem noch mit fremder Leute Geld umzugehen. Immerhin gingen ihm das Ausgabeverhalten des Herzogs und die fortschreitende Verschuldung zu weit, sodass er in einem ehrenwerten langen Brief auf die Misere hinwies und eine Reihe von Verbesserungsvorschlägen machte; unter anderem sollte sich der Herzog durch Verkauf unnötiger Gegenstände mindestens 30.000 fl. verschaffen und damit die kleinen Schulden ganz und die großen zur Hälfte tilgen.[108] Geändert hat sich nichts und weiterhin musste der junge Mann sich bei Hofe produzieren, allerdings ganz anders als in dem Empfehlungsschreiben von 1807 gewünscht: Ständig war es notwendig, beim König persönlich oder mit Bittschriften für den Herzog Louis zu betteln und dabei den durch eigene Ungeschicklichkeit noch gesteigerten Zorn des Monarchen über sich ergehen zu lassen.[109]

Nachdem 1808 der herzogliche Geschäftsführer Faber wieder aus dem Heeresdienst zurückgekehrt war, musste sich Weber zwar immer noch mit der Geldschatulle und der Korrespondenz des Herzogs befassen, konnte sich aber doch mehr dem Musikunterricht, der Salonmusik und der Komposition widmen.[110]

Zuverlässigen Quellen zufolge hat Weber allen vier Prinzessinnen der Familie und dem Prinzen Adam Klavierunterricht erteilt.[111] Welch guter Lehrer er war, bestätigt auch sein Ludwigsburger Privatschüler Karl Mörike, der ältere Bruder des Dichters Eduard Mörike, der – ausgehend von den Unterrichtsstunden bei Weber – noch 1845 seine »Maximen beim Musikunterricht« mit Gedanken seines Lehrers anreicherte.[112]

Trotz aller musikfernen und unerwünschten Tätigkeiten fand Carl Maria dank der Anregungen und des häufigen Kontakts mit dem Stuttgarter Kapellmeister Franz Danzi aber auch die Kraft, von 1807 bis 1810 immerhin 36 Stücke zu komponieren, darunter 16 Lieder, die Musik zu Schillers »Turandot« und zu dem von Franz Carl Hiemer umgestalteten Libretto »Silvana«. Nicht zuletzt entstanden auch die heute noch sehr beliebten »Six pièces pour le pianoforte à quatre mains«. Diese sechs vierhändig zu spielenden Stücke waren ausdrücklich am 27. November 1809 den beiden ältesten Herzogstöchtern Marie (Dorothee) und Amalie gewidmet, heißt es doch gleich unter dem Titel: *composées et dédiées à Leurs Altesses Sérénissimes Mesdames les Princesses Marie et Amélie de Würtemberg par Charles Marie de Weber*.[113]

Im Februar 1810 wurde Weber mitten in den Proben zur Oper »Silvana« mit Billigung des ihm sowieso nicht wohlgesinnten Königs plötzlich verhaftet und angeklagt. Die Anklagepunkte Diebstahl herzoglichen Tafelsilbers, Veruntreuung von 800 fl. und Bestechung mit dem Versuch, die Wehrdienstpflicht zu untergraben, führten jedoch zu keinem regelrechten Strafurteil.[114]

Der Diebstahl der silbernen Leuchter, die man bei einer Durchsuchung in Webers Zimmer gefunden hatte, blieb für das Gericht relativ uninteressant, waren diese doch mit ziemlicher Sicherheit Überreste nächtlicher Zechgelage, bei denen auch der 17-jährige Herzogssohn Adam häufig zugegen war, da er den Pianovirtuosen bei diesen Abenden sehr schätzte.[115]

Die Veruntreuung von 800 fl., die nicht Carl Maria, sondern sein seit kurzem ebenfalls in Stuttgart weilender Vater Franz Anton zu verantworten hatte, war bereits wieder gut gemacht. Auch in der Bestechungsfrage, die dem König besonders wichtig war, setzte sich die Auffassung durch, dass der eigentliche Übeltäter wohl der frühere Reitknecht Webers war, ein gewisser Huber. Auch in dieser Angelegenheit wollte der König nicht weiter verhandeln lassen, da es seinerzeit durchaus erkaufte Befreiungen vom Wehrdienst mittels Überstellung in den Hofdienst gab, und eine Erörterung dieser Angelegenheit in der Öffentlichkeit unerwünscht war.[116]

Der König argwöhnte, dass in diesen Anklagepunkt auch Herzog Louis und der ihm 1809 überlassene Buchenbacher Hof bei Winnenden mehr als deutlich involviert sein könnten. Ökonomierat Faber und von Weber waren damals Bevollmächtigte für die Übernahme des beachtlichen Hofes (87 Morgen Äcker, 55 Morgen Wiesen) gewesen, und der erwähnte Huber war mittlerweile Kammerlakai bei Louis. Die Verlockung, für Schmiergeld jemandem die Livree des Herzogs und damit die Befreiung vom Militär zu verschaffen, war zweifellos groß. Huber hatte vom Gastwirt Höner tatsächlich ein Darlehen über 1.000 fl. für den durch seinen Vater in Schwierigkeiten gekommenen Carl Maria von Weber erhalten, vermutlich mit dem Versprechen, dass dieser versuchen werde, den Höner-Sohn am Herzogshof unterzubringen. Als Höner jr. jedoch im Januar 1810 einberufen wurde, rebellierte der Gastwirt und löste damit die geschilderten Untersuchungen aus, bei denen das Maß der Verstrickung in rechtlich nicht einwandfreie Vorgänge jedoch nicht bei allen Betroffenen in allen Punkten restlos geklärt wurde.[117]

Schwierigkeiten machten auch die Gläubiger Webers. Nachdem sie aber im württembergischen Regierungsblatt vom 13. Februar 1810 aufgefordert worden waren, ihre Forderungen gerichtlich bis 17. des Monats auf den Tisch zu legen und Weber versprach, die für ihn unglaubliche Summe von 2.600 fl. an Schulden im Verlauf der Zeit – es dauerte bis 1816 (!) – zu tilgen, erfolgte am 26. Februar 1810 die Verbannung von Vater und Sohn Weber auf Lebenszeit aus dem Land Württemberg und die polizeiliche Überführung an die württembergische Grenze bei Rappenau-Fürfeld.[118]

Ein nicht alltägliches Geburtstagsgeschenk

Die schon erwähnte Königstochter Katharina empfand die humorvolle, unkomplizierte, nur drei Jahre ältere Tante Henriette sofort als ungemein wichtige Bezugsperson, die eben anders war als ihre sonst gewohnte Umgebung. Katharina war ohne Mutter aufgewachsen, erzieherisch von der Mömpelgarder Großmutter geprägt und lebte nun seit einigen Jahren bei der ihr langweilig und nicht besonders sympathisch erscheinenden Stiefmutter Charlotte Mathilde. Aus vielen Briefen wissen wir, wie sie an der *bonne tante* Emmy, der guten Tante Emmy, hing und wie es sie auch in den kommenden Jahren schmerzlich berührte, wenn längere Zeit kein Brief oder eine sonstige Nachricht von ihr gekommen war.[119]

Nachdem ihr Vater den Wunsch Napoleons, sie mit dessen jüngstem Bruder Jérôme zu verheiraten, aus politischen Gründen nicht ausschlagen konnte und Katharina nach den Stuttgarter und Pariser Hochzeitsfeierlichkeiten im August 1807 als Königin von Westfalen in Kassel residierte, entspann sich ein reger Briefwechsel zwischen Stuttgart und Kassel, dem wir heute viele Details, auch über persönliche Vorgänge im königlichen Haus, verdanken.[120] So überlegte sich Königin Katharina, wie sie ihrer fernen Tante zum 28. Geburtstag im April 1808 eine besondere Freude machen könnte.

König Friedrich I. hatte 1805 einen riesigen Garten auf der Ludwigsburger Salonhöhe erworben, diesen dann seiner Tochter geschenkt und nach ihr »Katharinenplaisir« genannt.[121]

Diesen Garten übereignete Katharina nach diversen Rückfragen bei ihrem Vater und nach den entsprechenden Beurkundungen ihrer geliebten Tante. Diese war von der Schenkung begeistert, und Katharina freute sich über die gelungene Überraschung, hoffte aber auch, dass Henriette dadurch nicht zu sehr der Gesellschaft des Vaters entzogen wird. Bereits am 18. Mai schrieb der König nach Kassel, trotz der extremen Hitze sei die Herzogin Louis, wie Henriette damals offiziell genannt wurde, die einzige, die noch nicht auf dem Zahnfleisch daherkomme und sich in ihrem Garten wie im Paradies fühle; sie verbringe ihr Leben dort und man müsse froh sein, sie abends um halb acht Uhr wieder zu sehen.[122]

Man darf sich den geschenkten Garten, der im Übrigen 1817 von Henriette für 9.450 fl. an einen Kornwestheimer Bürger veräußert wurde, nicht als einen kleinen Hausgarten vorstellen. Einer Inventarisierung vom März 1811 kann man entnehmen, dass zum Garten zwei Kühe, ein Reh, ein landwirtschaftliches Gebäude mit Leiterwagen, Dunggabeln, Schubkarren, Futtertrögen, Gießkannen, Stall-Laternen, Striegeln, Milchtüchern und -kannen u.ä., aber auch ein »Lusthaus« mit einem großen Zimmer und zwei kleinen Gemächern gehörte, die unter anderem eine Ottomane sowie viel Porzellan-, Blech- und Küchengeschirr enthielten.[123]

Der württembergische Monarch und seine Schwägerin

König Friedrich I. war ein der Staatsräson verpflichteter, spätabsolutistischer Regent, der wie viele Machtmenschen wenig wirkliche Vertrauenspersonen in seiner Umgebung hatte. Gelegentlich konnte man sogar den Eindruck haben, dass ihm seine langjährige Schimmelstute Helene über alles ging, zumal ihr später ein Grabmal gesetzt wurde.[124] Außer seiner Frau, die er als englische Königstochter hoch achtete, gehörte auf jeden Fall der allzu früh verstorbene innige, »herzensliebste« Freund Johann Karl von Zeppelin[125] dazu; ferner seine Tochter Katharina und Schwägerin Henriette. Dies um so mehr, als er seit August 1807 auf den täglichen Umgang mit der zur Königin von Westfalen avancierten Tochter verzichten musste. Am 19. August 1807 schrieb Friedrich seiner Tochter: *... ich habe meine Schwägerin immer sehr gern gehabt, aber jetzt ist sie für mich von einer absoluten Notwendigkeit, denn nur mit ihr kann ich über Sie [Katharina] reden, wie ich es gerne tue.*[126]

Am 22. September 1807 beklagte sich der König über eine gewisse Langeweile bei Hof, nur die Scherze der Frau Louis und ihr Humor verdrängten sie. Gewöhnlich verbringe er zwei Stunden täglich damit, sich mit ihr neckend zu zanken.[127] Am 12. November schreibt Friedrich, manchmal spiele er mit der Herzogin Louis Reversi, ein altes Taktik-Brettspiel, aber sie werde dann so wütend, dass sie ihm grässliche Beleidigungen sage; und Katharina solle ihr im nächsten Brief beibringen, dass er sich beschwert habe.[128]

Schon in einem Brief von 1798 schrieb Henriette an den ihr persönlich noch unbekannten Friedrich, sie wolle ihn als *Beschützer und Freund*. Nicht von ungefähr zierte eine Marmorbüste der Schwägerin das Arbeits- und Bibliothekszimmer des Königs im Stuttgarter Neuen Schloss, und bei den Familiengemälden im Schlafzimmer durfte ihr Bildnis auch nicht fehlen.[129]

Landeshistoriker haben ihr auch die gelegentliche Rolle der First Lady in Stellvertretung der etwas behäbigen und ältlich wirkenden Königin zugeschrieben, eine Behauptung, die quellenmäßig nicht zu belegen ist; allerdings schrieb der König selbst einmal, dass die Schwägerin ihre verschiedenen Aufgaben mit übergroßer Genauigkeit erfülle.[130]

Der Erfurter Fürstenkongress

Als Napoleon Zar Alexander I. und die Rheinbundfürsten zum Erfurter Fürstenkongress (27. September bis 14. Oktober 1808) eingeladen hatte, erschien auch Herzogin Henriette in der mitten in Deutschland gelegenen Stadt, die seit dem Tilsiter Frieden von 1807 eine direkt dem französischen Kaiser unterstellte Domäne war.[131] Napoleon hatte keine Mühen und Kosten gescheut, Zar Alexander im Kreis seiner Rheinbundvasallen zu empfangen. So wurde beispielsweise auch das Pariser Hoftheater zur

Aufführung einer Reihe von französischen Klassikern nach Erfurt befohlen.[132] Durch Vermittlung König Friedrichs bekam Henriette auch eine Audienz bei Napoleon. Über den Inhalt der Gespräche ist nichts Genaues bekannt; vielleicht ging es um Angelegenheiten der südpreußischen Besitzungen Zarembiče und Przyrów, die jetzt im von Napoleon protegierten, neu gebildeten Herzogtum Warschau lagen und für die Schuldenabsicherung des Herzogs Louis eine nicht unwichtige Rolle spielten. Schließlich hatten sich Henriette, Louis und Friedrich I. schon 1806 – und nochmals 1812 – wegen der Schonung des Gutes Würzau bei den Feldzügen französischer Truppen direkt an Napoleon gewandt. Ob Henriette eine Rolle bei der Verbesserung der seit 1805 gestörten Beziehungen zwischen König Friedrich und seinem Neffen Zar Alexander gespielt hat, bleibt ebenfalls unklar.[133]

Ziemlich sicher ist jedoch, dass Henriette in Erfurt und bei einem Theaterabend mit Empfang in Weimar den beiden Weimarer Geheimräten Goethe und Wieland begegnet ist. Und König Friedrich berichtet in einem Brief vom 9. Oktober 1808 seiner Tochter Katharina stolz, dass heute bei ihm drei Schwägerinnen zum Essen erscheinen, die Frauen der Brüder Alexander und Eugen sowie eben die Duchesse Louis (Henriette), die wahrscheinlich beim »Oekonomen« Nordmann wohnte.[134]

Das Reisen war Henriette zwar von ihren früheren Jahren her gewöhnt, aber mittlerweile mussten sie und ihr Gemahl genauer planen, hatten sie doch auch familiäre Pflichten und württembergische Verpflichtungen sowie immer wieder Geldnöte. So waren der Ausflug nach Erfurt wie auch eine gesundheitsbedingte Reise nach Bad Ems im Juli/August 1808 oder eine Reise nach Frankfurt und an den Rhein im Jahre 1809 eher Einzelerscheinungen denn Alltag.[135]

Dunkle Wolken über der herzoglichen Familie

Herzog Louis zählte in Württemberg zu den höchstrangigen Personen und wies nach dem Hofhandbuch eine Fülle von Auszeichnungen auf:

Ritter des königlichen Großen Ordens des goldenen Adlers, Großkreuz des Militärverdienstordens, Mitglied des russischen St. Andreas-Ordens, Inhaber des polnischen Weißen Adlerordens, des preußischen Schwarzen und Roten Adlerordens, Ritter des Johanniter-/Malteserordens und seit 1808 auch Träger des Großkreuzes des königlich-holländischen Hausordens de l'Union.

Sein Ansehen entsprach dem jedoch nicht – auf den hohen Schuldenberg von früher häuften sich neue Schulden. Der König war es langsam leid, immer wieder Helfer in letzter Not zu sein und gab dem Bruder zur besseren Schuldenbewältigung den Buchenbacher Hof bei Winnenden. Aber von guten Erträgen war nichts zu merken, allenfalls Gerichtsverhöre und unliebsame Personalvorgänge, auch im Zusammenhang der oben erwähnten Weber-Affäre, sind in den Akten festgehalten. All dies wie auch kritische Stellungnahmen und Haltungen von Louis zum Hausgesetz verstärkten die Antipathie zwischen dem König und seinem Bruder, dessen Ansehen in der Öffentlichkeit zusehends sank.[136]

Der König wollte der Ausgabenwirtschaft seines Bruders nicht mehr länger zusehen und ließ – nachdem Louis sich ihm »vor die Füße geworfen« hatte – im Februar 1810 eine sog. Partikularadministrationskommission (PAK) unter Oberaufsicht des Finanzministers einrichten mit der Vorgabe, einen Teil der Apanage des Herzogs für die Schuldentilgung, insbesondere bei den württembergischen Gläubigern zu verwenden und die Hofhaltung nach strengeren Grundsätzen zu führen. Zur Ausgabendeckung sollten dabei auch die Einkünfte aus dem kurländischen Gut Würzau dienen.[137]

Wenig später erlitt Louis einen Unfall, der nach Ansicht des Königs von einem partiellen Schlaganfall ausgelöst war, aber keine bleibenden Spuren hinterließ. Obwohl Henriette, Katharina und wohl auch der König aus unterschiedlichen Gründen abgeraten hatten, begab sich der wiederhergestellte Herzog zusammen mit Sohn Adam am 3. Mai 1810 auf eine große Reise, die zunächst über Frankfurt nach Berlin führte, wo sich die beiden bei Königin Luise einfanden, die postwendend an Maria Feodorowna schrieb, dass Louis ein wenig gealtert und schlanker geworden,

Adam jedoch ein schöner junger Mann und für sein Alter wohlerzogen sei.[138]

Die Reise ging weiter über Warschau und Kurland nach St. Petersburg zur Schwester Maria Feodorowna, wo sie freundlich empfangen und mit einer Wegzehrung in Geldform auf die Güter in Würzau bzw. zu einem längeren Besuch bei der leiblichen Mutter in Polen verabschiedet wurden. Die Einrichtung der Partikularadministrationskommission in Stuttgart hatte Louis wohl auf die Idee gebracht, die Wertgegenstände im Würzauer Schlösschen vor russischen Gläubigern zu sichern und nach Stuttgart schaffen zu lassen.[139]

Henriette litt seelisch sehr und war deutlich abgemagert, als ihr nassauischer Bruder sie im Juli in Ludwigsburg besuchte, was sie sehr beglückte und wohl auch zu einer Kur in Bad Ems ermunterte, die sie zu Kräften kommen ließ.[140]

Der Warschauer Arrest

Anfang November 1810 traf Herzog Louis wieder in Warschau ein, wurde aber am 10. November auf Antrag alter polnischer Gläubiger in Schuldhaft genommen, genauer gesagt im Hotel de Vilna von zwei Gerichtsdienern im herzoglichen Vorzimmer festgesetzt. Im Gefolge hatte der Herzog seinen Leibarzt Kallin, seinen Adjutanten Graf Quadt und Stallmeister von Penzen.

Der König in Stuttgart war ob dieses Vorfalls schockiert, zumal er an vielen Fürstenhöfen sehr bald publik wurde. Ende November wurde der Sohn des früheren Erziehers des Königs, Eugen Freiherr von Maucler, ein begabter und gewandter junger Jurist mit 200.000 fl. in Kreditbriefen nach Warschau in Marsch gesetzt, um Louis auszulösen. Bei Sichtung der teilweise noch vorhandenen Akten wird deutlich, welche Fleißarbeit der Stuttgarter Abgesandte verrichten musste, zumal ja nicht nur möglichst kostengünstig mit zahllosen Gläubigern, Bankiers und den zuständigen Gerichtspersonen verhandelt, sondern der ganze beim Oberlandesgericht Breslau und im neuen Herzogtum Warschau angehäufte

Schuldenberg in Schuldentableaus festgehalten und mit den Forderungen der Gläubiger abgeglichen werden musste. Dabei zeigte sich, dass ein Großteil der Schulden schon zwischen 1789 und 1792 angehäuft worden war, und nicht nur bei Banken, sondern auch bei vielen Handwerkern und Kaufleuten. Überall wo der Herzog verkehrte, waren Kauf- und Reparaturaufträge erteilt, aber nie bezahlt worden. So ist auch erklärlich, warum die Arbeit des Freiherrn von Maucler mehr als ein Vierteljahr dauerte.[141]

Im Januar 1811 ordnete König Friedrich die Einrichtung einer Generaladministrationskommission zur Regulierung des gesamten Schuldenwesens und der Finanzen seines Bruders an – Nachfolgeeinrichtung der ursprünglich nur für Württemberg gedachten Partikularkommission. Die kabinetts- und finanzerfahrenen Mitglieder tagten erstmals am 22. Januar und bereits am 26. Januar anerkannte Herzog Louis von Warschau aus feierlich die Kommission, versicherte seine Nichteinmischung in deren Tätigkeit und bat um Sicherstellung des Unterhalts von Henriette und den Kindern. Er dankte dem Bruder für seine Hilfe, unterwarf sich ihm quasi völlig und willigte ein, keine direkten Geldgeschäfte mehr zu tätigen, kein Geld mehr aufzunehmen, keine Schulden mehr zu machen und auf kürzestem Weg nach Württemberg zurückzukehren. Er war überdies bereit, in der Heimat seinen Aufenthalt nach Anordnung des Königs zu nehmen.[142]

Der württembergische Unterhändler von Maucler hatte schließlich am 17. März alle eingeklagten Forderungen mit etwa 40 Prozent des Kapitals befriedigt, sodass im Endeffekt nur die Hälfte des mitgebrachten Geldes benötigt wurde – insgesamt mit den Unterbringungskosten 98.419 württembergische fl. Nachts um zehn Uhr wurde der Arrest gerichtlich aufgehoben, und der Herzog konnte in einer Nacht- und Nebelaktion bereits um Mitternacht Warschau auf dem schnellsten Weg in Richtung der damals nur 16 Meilen entfernten preußischen Grenze verlassen, immer in der Angst, dass vielleicht noch ein Gläubiger oder ein polnischer Nationalist sich in den Weg stellen könnte. Über Berlin, Leipzig und Bayreuth ging es dann nach Nürnberg, wo der Herzog von seinem früheren Flügeladjutanten Oberst von Mylius in Empfang genommen und über die württembergische Grenze bei Ellwangen schließlich am 11. April 1811 nach Kirchheim unter Teck gebracht wurde, wo seine Familie ihn begrüßte.[143]

Der Hauptakteur von Warschau, der spätere Justizminister und Vorsitzende des Geheimen Rats, Eugen von Maucler, zeichnet in seinen Erinnerungen ein unerfreuliches Bild von Herzog Louis: Dummheit, Lügenhaftigkeit, Niederträchtigkeit und unbesieglicher Hang zum leichtsinnigsten Schuldenmachen bildeten die Grundzüge seines Wesens. Beim Abschluss des Vergleichs soll er ohne Verständnis für die von ihm Geschädigten zu von Maucler gesagt haben: Bist du nicht klug, dass du den Leuten so viel schenkst.[144]

DIE KIRCHHEIMER ZEIT MIT LOUIS

Die Entscheidung für Kirchheim unter Teck

Wenige haben sich damals wahrscheinlich Gedanken darüber gemacht, wie es um den Gesundheits- und Gemütszustand von Herzogin Henriette seit dem Arrest ihres Gemahls in Warschau bestellt ist. Am ehesten sorgten sich der König selbst und dessen Tochter Katharina um die geliebte Verwandte. Im Januar 1811 bat Katharina den Vater, der armen Tante Emmy doch alle freundschaftlichen Tröstungen seinerseits zukommen zu lassen. Im April bestätigte der König, dass der Gesundheitszustand der Herzogin Louis nicht gut sei. Ein kurzer Aufenthalt in Kirchheim habe ihren Husten etwas gebessert, einen Husten, den sie lange nicht mehr gehabt habe und der nach Ansicht der Ärzte sich auch weiter bessern würde, wenn sie denn seelisch zur Ruhe kommt. Im Juli schrieb er, dass der krampfartige Husten wieder da sei und die arme Frau noch an ihrem Kummer zu Grunde gehen werde, wenn man sie nicht schonend behandelt.[145]

Zweifellos war es nicht allein die Sorge um den inhaftierten Mann, was Henriette zusetzte; auch die finanzielle Unsicherheit, die Zukunft überhaupt, die Scham vor den Leuten und vor den anderen Fürstenhöfen, die eigene Gesundheit, unter Umständen ursprünglich auch die Furcht, dass die Familie auseinander gerissen werden könnte und überhaupt die beabsichtigte Trennung vom Königshof lasteten auf der Psyche der nun 31-jährigen Mutter von fünf Kindern zwischen sieben und vierzehn Jahren.

Herzog Louis war sich bereits bei seinem Warschauer Unterwerfungsversprechen im Januar 1811 bewusst, dass der königliche Bruder ihn nicht mehr in seiner Nähe dulden wollte. Friedrich verbannte den Bruder buchstäblich nach Kirchheim unter Teck und gab ihm ein lebenslanges Besuchs- und Aufenthaltsverbot für die Residenzstädte und den Hof mit der Folge, dass Louis König Friedrich nie mehr sah. Der nachfolgende König hat dieses Verbot aufrecht erhalten.[146]

Es war nicht immer klar, dass Kirchheim das Exil für die ganze Familie sein sollte; es gab bei der Generaladministrationskommission für das Schulden- und Finanzwesen des Herzogs Überlegungen, entweder Louis allein ins Exil zu schicken und die Familie in Stuttgart und Ludwigsburg zu belassen – eine Lösung, die dem König durchaus gefallen hätte –, oder Louis und Henriette ein gemeinsames Domizil zu geben und die Kinder in der Obhut des Königs zu belassen oder auch die ganze Familie zusammen aus den Residenzen zu entfernen. Die zuständigen Kommissionsmitglieder errechneten schließlich zum Vorteil der Familie und letztlich auch der Stadt Kirchheim, dass die dritte Lösung die wirtschaftlichste ist.[147]

So war also Kirchheim unter Teck kein Wunschort von Henriette und Louis, geschweige denn der Kinder. Vermutlich hatten die Eltern nie zuvor Kirchheimer Boden betreten; für Henriette war es allenfalls eine Namensauffrischung ihres pfälzischen Geburtsorts. Man wusste von diesem Witwensitz der Franziska von Hohenheim, und sollte Louis einst württembergische Geschichte und Verwaltungsstrukturen gelehrt bekommen haben, war ihm diese bedeutende Amtsstadt der Grafen und Herzöge von Württemberg mit seinem Festungs- und Witwenschloss auch geläufig. Aber alle waren sich auch der Provinzialität dieses Domizils im Vergleich mit den Residenzstädten bewusst.

Dass Kirchheim der Verbannungsort wurde, war auch der Tatsache geschuldet, dass am 1. Januar 1811 Franziska von Hohenheim, die Witwe des früheren Regenten Carl Eugen, an den Folgen einer schweren Unterleibserkrankung gestorben war und das Schloss nun einer weiteren Nutzung zugeführt werden konnte und sollte. Außerdem schien das Wasserschloss wie auch die Stadt- und Umlandstruktur nicht ungeeignet, einen Verbannten zu observieren. Und letztlich lag Kirchheim mit der Kutsche auch nur eine halbe Tagreise vom Königshof entfernt; immerhin eine Chance für Henriette und die Kinder, den regierenden Schwager und Onkel gelegentlich zu besuchen.

König Friedrich hatte mit solchen überwachten Verbannungen oder Gefangensetzungen schon gewisse Erfahrungen gesammelt, und zwar bei seinem manchmal unbotmäßigen Sohn Paul auf der Comburg und der Kapfenburg.[148] In Kirchheim wurde Oberst von Mylius, der Herzog

Louis schon in Nürnberg abgeholt hatte, als ständiger Begleitoffizier eingesetzt. Es blieb der Familie, den Hofbediensteten und einem sehr kleinen Teil der Öffentlichkeit nicht verborgen, dass der Herzog einen regelrechten »Aufpasser« in seiner Nähe hatte. So wohnte Carl von Mylius im ersten Stock des vormaligen Kellereiamtsgebäudes, des langjährigen späteren Forstamts, und konnte die meisten Vorgänge um das Schloss beobachten; außerdem hatte er Zuträger und nahm an den Mahlzeiten der Familie teil. Der Oberst war dem König gegenüber berichtspflichtig über die wesentlichen Vorgänge am Kirchheimer Hof. Manchmal schrieb er mehrmals die Woche über nicht sonderlich aufregende Dinge Briefchen an Seine Majestät, der die Pflichteifrigkeit bei der Wahrnehmung der undankbaren Aufgabe 1815 mit der Beförderung zum Generalmajor honorierte. Nach dem Tode des Herzogs blieb der ledige Generalmajor als Hofkavalier und Reisemarschall in Diensten der Herzogin, starb 1832 in Kirchheim und wurde dort auch beigesetzt.[149]

Als Herzog Louis am 11. April 1811 in Kirchheim unter Teck ankam, blieb dies der Einwohnerschaft vermutlich weitgehend verborgen. Das seit Januar verwaiste Schloss war jedoch von den privaten Gegenständen der verstorbenen Franziska – durch Übergabe an die Verwandten, aber auch durch Auktionen in Kirchheim[150] – entrümpelt und von der Liegenschafts- und Bauverwaltung in einen für die Herzogsfamilie nutzbaren Zustand mit ausreichend Mobiliar[151] versetzt worden. Es fehlte jedoch noch ein funktionsfähiger Hofstaat. Herzog Louis standen außer seinem »Aufpasser« vermutlich zunächst nur ein Koch und ein Kammerdiener sowie ein Kutscher zur Verfügung, sodass er sich sehr bald wieder aus Kirchheim entfernte und für längere Zeit das unweit gelegene Heilbad Boll aufsuchte.[152]

Herzogin Henriette und die Kinder besuchten das Schloss auf jeden Fall einige Tage im April, Juni, auch im Oktober 1811, bewohnten es dauernd aber erst seit Weihnachten 1811.[153] Man brauchte einfach Zeit, sich mit der neuen Situation abzufinden; auch König Friedrich empfand den Wegzug als große Entbehrung.[154] Noch im September hatte er die älteste Tochter, seine Nichte Marie Dorothee, zur Koadjutorin, zur Stellvertreterin der Äbtissin des adeligen Fräuleinstifts Oberstenfeld ernannt und am 22. Dezember in seiner Gegenwart von Oberhofprediger Prälat von Süskind in der Stuttgarter Hofkapelle konfirmieren lassen.[155] Es gab noch andere Gründe für den verzögerten Einzug in Kirchheim: der bisherige Hofstaat musste reduziert, das heißt Übernahme- und Entlassungsentscheidungen mussten getroffen werden. Vor allem musste die eingesetzte Generaladministrationskommission erst sämtlichen Besitz, also auch sämtliche Gegenstände der Familie in eine Liste aufnehmen, um die augenblickliche Vermögens- und Schuldenmasse zu ermitteln.

Demütigende Monate im Jahr 1811

Die Gehilfen der Kommission listeten alles auf und schätzten den Wert: von Küchengeräten, Esslöffeln, Gemälden, Toilettentischen, Schmuckwaren bis hin zu Pferden, Kutschen und zur Feldmarschallsuniform, ja bis zu den Unterrichtsmaterialien der Kinder. Nichts blieb der Kommission vorenthalten. Fein säuberlich musste nach dem Eigentum von Louis, Henriette und den Kindern getrennt werden. In schwäbischer Gründlichkeit konnte beispielsweise bei einem Spiegel, den Zar Alexander dem Paar geschenkt hatte, der Wert bei der Vermögensmasse des Herzogs folgerichtig nur mit der Hälfte der geschätzten Geldsumme angesetzt werden. Peinliche Feststellungen blieben nicht aus. So zeigte sich, dass ein Diadem Henriettes mit Edelsteinen des in Russland verliehenen Großkreuzes des Katharinenordens bestückt war. Beschämend war, dass die dem Herzog zugeordneten Gegenstände Ende Mai/Anfang Juni 1811 in einer öffentlichen Auktion in Stuttgart angeboten und die Erlöse zur Schuldentilgung eingesetzt wurden. Die Dienerschaft musste vorher per Unterschrift und Handgelübde eidesstattlich versichern, dass nichts entfernt und durcheinander gebracht wurde.[156]

Anfang November hatte die Kommission ihre Arbeit weitgehend abgeschlossen. Die ermittelte Schuldenmasse des Herzogs bezifferte sich auf unvorstellbare 1.335 Millionen fl., die 98.419 fl. Aufwendungen des Königs für die Befreiung aus dem Warschauer Arrest sowie gering anzusetzende französische Schulden noch nicht eingerechnet. Das Gesamtvermögen des Herzogs wurde mit 38.943 fl. beziffert.[157] Als sich zeigte, dass mit Einsparungen bei den Apanagen für die Familie und dem relativ geringen Auktionserlös von 18.269 fl. kein weitreichender Beitrag zur Schuldentilgung geleistet werden konnte, verwies König Friedrich das weitere Konkursverfahren an das Oberappellationstribunal in Tübingen und bat den Präsidenten des Gerichts, dass die Gerechtigkeit ihren Lauf nehmen solle. Die interessierte Öffentlichkeit konnte sich nun gar aus dem Regierungsblatt über diesen Vorgang informieren; darin war zu lesen, dass Louis ohne Zustimmung seines »Oekonomie«-Beauftragten Faber weder Geld aufnehmen noch irgendein verbindliches Rechtsgeschäft abschließen dürfe.[158]

Auch in Preußen und Russland versuchte man die Schulden des Herzogs abzubauen, indem alle dort liegenden Güter unter den Hammer kamen oder – wie im Falle des kurländischen Gutes Würzau – Zar Alexander I. genaue Anweisungen für die nächsten Jahre traf.[159]

Die Einkünfte aus Würzau, mit ca. 12.000–15.000 Talern angesetzt, waren in den nächsten vier Jahren zur Deckung der Schulden in Russland zu verwenden; eine strenge Oberaufsicht über die Gutsverwaltung wurde dem Baron von Korff aufgetragen; das Gestüt und der Stall waren bis auf wenige ausgesuchte Pferde ebenso wie die Orangerie in Schwethoff zu verkaufen; außerdem musste zur Steigerung der Wirtschaftlichkeit des Guts eine Ziegelbrennerei eingerichtet werden. Im Falle des Todes von Louis sollten diese Konditionen nicht mehr gelten und Henriette in die vorigen Rechte wieder eingesetzt werden.

Die gesamte Ausgabenwirtschaft des Herzogs Louis blieb fortan unter der Oberaufsicht einer Vermögensadministrationskommission, die ähnlich zusammengesetzt war wie die bisherige Generaladministrationskommission. Ihr war der Geschäftsführer der Kirchheimer Hofökonomie – zunächst Oberökonomierat Faber und seit Januar 1812 der Kirchheimer Amtsbürgermeister und Spitalpfleger Carl Christian Helfferich – rechenschaftspflichtig. Auf Sparen und vernünftiges Wirtschaften wurde von nun an größter Wert gelegt.[160]

Vergleicht man in den Hofhandbüchern von 1807 und 1813 die Zahl der Bediensteten, so sieht man in der Kirchheimer Zeit praktisch einen halbierten Hofstaat. Hatte Louis früher 36 und Henriette 15 Bedienstete, so waren es jetzt noch 15 Höflinge bei Louis und zehn bei Henriette.

Schon im Januar 1811 hatte der König persönlich angeordnet, dass der Herzogin noch ein Zug von sieben Pferden und zwei Stadtwagenpferde zustehen, dem Herzog wahrscheinlich ein Zug von sechs Pferden, vier Reitpferde und zwei Klepper, zusammen also höchstens 21 Pferde.[161] Ebenso wurde die Zahl der damals pfirsich- und lilafarbenen, dunkelgrünen oder auch himmelblauen Kutschen mit ihren dunkelblauen Stoffbezügen beschränkt.[162]

Da 1813 beim Tübinger Gericht 148.000 fl. von den Gläubigern eingeklagt wurden, aber unter Einrechnung von zusätzlich vom König bewilligten, zur Tilgung einzusetzenden Apanagegeldern höchstens 60.000 fl. an Aktivmasse des Herzogs vorhanden waren, erklärte sich Henriette sogar zu einem gütlichen Vergleich bereit, in den sie unter anderem das ihr unbestreitbar zustehende Heiratsgut von 30.000 fl. einbringen wollte, nicht jedoch ihr Vermögen an Pretiosen (= Schmuck, Geschmeide) und ähnliche Werten in Höhe von rund 72.000 fl. Trotz des gerichtlichen Vergleichs vom November 1814, bei dem die Gläubiger mit rund 80.000 fl. abgefunden wurden, sah sich Henriette noch viele Jahre – vor allem auch nach dem Tod des Herzogs – immer wieder Forderungen von Gläubigern und auch der Gefahr eines neuen Konkursverfahrens ausgesetzt; dabei wurde sie von Herrn von Neurath als Rechtsbeistand unterstützt und vertreten. 1820 wurde die gerichtlich anhängige »Debit-Sache« auf gütlichem Wege beendet.[163]

Im Kirchheimer Schloss

Mit wehenden Fahnen war Henriette mit ihrer Familie nicht gerade in die gut 4.000 Seelen zählende Oberamtsstadt am Fuße des Teckberges gekommen. Hinter sich gelassen hatte man eine Residenzstadt mit einer mehr als fünfmal so hohen Bevölkerungszahl und eine Sommerresidenz, die mehr als doppelt so groß wie Kirchheim war;[164] verzichten musste man auf ein hochkarätiges Hoftheater und Hoforchester, auf Empfänge,

Schloss Kirchheim unter Teck im Jahre 1851.
Der Blick des Malers ist auf den fürstlich bewohnten Flügel
mit dem hervortretenden Rundsaal gerichtet

auf den ständigen Umgang mit nahestehenden Personen. Kurzum: man hatte das kulturelle, gesellschaftliche, politische, wirtschaftliche und kirchliche Zentrum des Landes verlassen. Und das relativ schmucklose Schloss, das mit seinen martialischen Sockelmauern und den damals nach zwei Seiten anschließenden Kasematten immer noch mehr einer Festung denn einem repräsentativen Wohnsitz ähnelte, dürfte sicherlich nicht besonders attraktiv gewirkt haben. So behaglich sich die Familie im zweiten, nach Süden und Westen gehenden Obergeschoss auch einge-richtet haben mag, der erzwungene Aufenthalt in dem damals noch ech-ten Wasserschloss ließ das Umfeld gefühlsmäßig noch fremder erschei-nen als es ohnehin war. Dabei waren die Kirchheimer, zumeist in Unkenntnis der wirklichen Hintergründe der Wohnsitznahme der durchlauchtigen Herrschaften, doch froh und stolz, so bald nach Fran-ziska von Hohenheims Tod wieder fürstliche Schlossbewohner zu ha-ben, zumal erstmals in der Schlossgeschichte nicht nur eine Herzogs-witwe, sondern eine ansehnliche Familie mehr als nur vorübergehend Einzug gehalten hatte. Neben dieser Prestigeerhöhung dachte man wohl auch an die zusätzliche Kaufkraft, die von der Hofhaltung ausgehen musste und an die Chance für manche Geschäftsleute, sich mit dem ho-norigen Titel eines Hoflieferanten schmücken zu können.

Immerhin bewohnte die Familie nach vielen Jahren erstmals wieder ein richtiges Schloss, das zwar kleine und teils verwinkelte Räumlichkei-ten hatte, aber auch ansehnliche Nebengebäude und Gartenflächen auf-wies: das vormalige Kellereiamtsgebäude am Schlossplatz, einen Mar-stall für ca. 25 Pferde mit einem kleinen Anbau für den Kutscher, eine Zehntscheuer mit Kutschenremise parallel zum Marstall, eine imponie-rende Schlossterrasse hoch über dem Wassergraben und jenseits der Lauter einen 3,6 ha großen Schlossgarten, der neben Wiesen, Gemüse-garten und einer Insel mit Wassergraben – den Resten einer alten Was-serburg – auch ein so genanntes Reithaus und ein Geflügelhaus, später auch ein Dörrhaus und einen Bienenstand enthielt.[165] Allerdings ist nicht bekannt, ob sich Henriette im Schlossgarten ebenso leidenschaftlich wie im Ludwigsburger Garten betätigte.

All diese Liegenschaften wurden vom König zur Nutzung unentgeltlich zur Verfügung gestellt. Doch kann man sich lebhaft vorstellen, welche Bewirtschaftungskosten dafür notwendig waren. Die Apanage betrug jährlich 33.581 fl. Außerdem gab es einen Extrafonds für die Erziehung der Kinder von 4.000 fl. Nicht zuletzt stand auch ein festgelegtes Kontingent von Naturalien wie beispielsweise Holz zum Heizen oder Futter für die Pferde zur Verfügung.

Die höchste Zuweisung erhielt Herzogin Henriette mit 3.000 fl. frei verfügbaren sog. Nadel- und Spielgeldern, die vierteljährlich oder monatlich wie auch bei den anderen Personen gegen Quittung ausbezahlt wurden. Aus einer Erbschaft von Henriettes Mutter gab es zusätzlich eine Pension von 440 fl. Herzog Louis als europaweit verpönter Schuldner wurde auf Sparflamme gesetzt und erhielt nur 1.200 fl. Deputatgelder. Die Kinder bezogen gestaffelt nach Alter Zuweisungen zwischen 400 und 600 fl. jährlich. Zum Vergleich soll angefügt werden, dass ein Kutscher 180 fl. oder eine Kammerfrau 160 fl. Jahresverdienst im Schloss hatten.[166]

Aus der Apanage mussten auch sämtliche Sachausgaben bestritten werden: Nahrungsmittel, Kleidung, Leib- und Bettwäsche, die kanariengelbe Livree der Dienerschaft, Arzneimittel für Mensch und Tier, Kammer- und Tischweine, Musikinstrumente und deren Wartung; nicht zu vergessen die ungemein aufwändige Beleuchtung für ein ganzes Schloss mit Wachslichtern, Karaffenlichtern, Talglichtern, Zimmerflambeaus und ähnliches.

Besieht man sich ausgewählte Speisezettel bei Hof, so zeigen sich auch hier im Vergleich zur normalen Kirchheimer Bevölkerung sehr üppige, für Fürstlichkeiten jedoch keinesfalls überzogene Mahlzeiten.

So wurden an Heiligabend 1812 im Speisesaal dreizehn Gedecke aufgelegt und folgende Speisen angeboten: mittags Reissuppe, Rindfleisch, Kohl mit Hammelfleisch, Kalbskeule ungarisch, Krammetsvögel, Salat, Kolatschen (gefüllte Hefekuchen), Feldhühnerpastete und abends Hafermehlsuppe, Omelette à la française, Rehkeule, Kalbsbraten, Salat, Quittenkompott. Für sechs Personen vom Gesinde gab es jeweils – mindestens den Worten nach – eine »abgespeckte« Version: Suppe, Rindfleisch, Gemüse und Fleisch sowie abends Suppe, Braten, Salat. An Weihnachten war mittags vorgesehen: Fleckerl-Suppe, Rindfleisch mit Soße, Kartoffel mit Hammelfleisch, Rindszunge à la Mecklenburg, Schweinskopf, Gänseleberpastete, Rehbraten, Salat, Springerle, Hutzelbrot und abends gebrannte Suppe, Reisbrei, Rehragout, Kalbsbraten, Salat, Springerle in Weinsauce. Oder um einen normalen Werktag herauszugreifen: am Donnerstag, dem 26. November 1812, konnte man sich mittags stärken mit Riebele-Suppe, Rindfleisch mit Kartoffeln, Linsen mit Leberwürsten, frikassierter Kalbsbrust, Salat, Hasenbraten und Waffeln; abends gab es Wassersuppe mit Eiern, Schnitzel mit Kartoffelpüree, Omelette, Kalbsbraten, Salat, Eiskräpfle. Werktags war normalerweise für elf Personen an der herzoglichen Tafel gedeckt. Vermutlich waren neben der siebenköpfigen herzoglichen Familie die Hofdame, die Gouvernante und der Gouverneur der Kinder und oft auch der »königliche Aufpasser« Oberst von Mylius vertreten.[167] Als Getränk stand Tafelwein und Kammertischwein aus Stuttgarter Beständen zur Verfügung, wobei Henriette jedes Jahr vom Kammertischwein auch an Arme und Kranke ausgab. Da der königliche Wein aus Stuttgart nicht besonders begehrt war, leistete man sich gelegentlich auch edlere Tropfen aus Frankreich und vom Rhein, was allerdings dem Rechner Helfferich gewisse Rechtfertigungsprobleme vor der Stuttgarter Kommission verursachte. So wurden diese höheren Ausgaben mit dem schlechten Gesundheitszustand des Herzogs begründet.[168]

Wie sparsam man anfänglich wirtschaftete, ließ sich auch an dem von Stuttgart mitgebrachten Pianoforte ablesen, das bis Februar 1813 vom Hoforgelmacher Pfeiffer in Stuttgart gemietet war. Erst dann erkaufte man vor allem für die Prinzessinnen einen »Flügel forte piano« von den Stuttgarter Instrumentenmachern Dieudonné und Schiedmayer für 330 fl.[169]

Für die allgemeine Erziehung und Begleitung der Prinzessinnen war die Gouvernante Alexandrine des Echerolles und für den Prinzen Alexander ein Gouverneur, auch Hofmeister genannt, zuständig: 1811 Magister Amandus Friedrich Günzler, 1812 Pfarrer Friedrich Ludwig Finck und von August 1813 bis Ende 1823 Pfarrer Ernst Friedrich Gottlieb Hoff-

Das letzte Zimmer der Beletage vor dem Ausgang auf die Schlossterrasse
zur Zeit Henriettes

mann[170]. Zum Unterricht in den einzelnen Fächern des Bildungskanons zog man Pfarrer, Präzeptoren der Lateinschule und bewährte Schulmeister der Deutschen Schule aus Kirchheim hinzu, die im Schloss gegen eine ihr kärgliches Gehalt aufbessernde Gage die Ehre hatten, mit den fürstlichen Sprösslingen zu verkehren. Aus der Rechnungslegung des Jahres 1816 ist zu erfahren, dass Oberhelfer Geß 80 fl. für Religionsunterricht erhielt, Pfarrer Klett aus Dettingen 95 fl. für Geschichte und Geographie, Präzeptor Klunzinger 39 fl. für Schreibunterricht, Schullehrer Kraft 25 Fl. für Deutsche Sprache und Rechnen, Schulmeister Klöpfer 26 Fl. für Musikinstrumentenwartung, Schullehrer Pantel 164 fl. für Klavier- und Singunterricht und der Zeichenlehrer Keppler 33 fl.

Für den in adeligen Kreisen unabdingbar notwendigen Tanzunterricht wurden bereits in Stuttgart und Ludwigsburg Gagen an namhafte Tanzmeister gegeben. Und die französische Sprache, die in der Familie geläufig war, vertrat meisterhaft die französische Gouvernante des Echerolles. Auch Henriette beherrschte die französische Sprache, vermischte sie aber in der Unterhaltung manchmal mit der deutschen Sprache und dem weilburgisch-pfälzischen Dialekt. Wie aus einer im Städtischen Museum Kirchheim erhaltenen Einladung zu einem Jubiläumskonzert von 1894 hervorgeht, soll der spätere Gründer der berühmten Pianoforte-Fabrik Kaim, Franz Anton Kaim, durch die Musiklehrer am Hofe Henriettes – vor allem wohl durch Pantel und Klöpfer – wegen seiner schönen Tenorstimme in die entsprechenden musikalischen Kreise gezogen worden sein: vielleicht eine wichtige Voraussetzung für dessen weitere Entwicklung in der Welt der Musik und den Bekanntheitsgrad seiner Instrumente an den Höfen Europas.[171] Über allem wachte Henriette, der die Erziehung ihrer Kinder sehr am Herzen lag. Selbst um die körperliche Ertüchtigung ihres Nachwuchses bemühte sie sich zuweilen. Als das Flussbaden im Königreich Württemberg in Mode gekommen war, wurden die Kinder im Sommer mit der Kutsche nach Köngen an den Neckar gefahren. Dort war – vermutlich auf der heute zu Wendlingen gehörenden Seite des Neckars – ein hölzernes Badehäuschen mit Steg, Treppen und Seil in den Fluss hinein errichtet worden, das alljährlich repariert oder bei Hochwassertotalschaden von Köngener Zimmerleuten und Fischern kostenaufwendig neu aufgebaut wurde.[172]

Und auch den Trend, an Klettergerüsten zu turnen, Weitsprung mit Stangen zu betreiben, an Seilen zu ziehen und zu ringen, verfolgte die Herzogin mit großer Aufmerksamkeit und ließ den zwölfjährigen Sohn manchmal an den zweistündigen Sportübungen der Kirchheimer Lateinschule auf dem Ziegelwasen teilnehmen. Der spätere Theologe und hohe Ministerialbeamte Gustav Binder, der ab 1815 diese in Württemberg renommierte Schule besuchte, schreibt in seinen Erinnerungen: *Die damals in Kirchheim residierende Frau Herzogin Henriette kam öfters mit ihren Prinzessinnen-Töchtern ... auf den Turnplatz gefahren, um dem Treiben, an dem auch ihr Sohn Alexander, damals etwa 11–12 Jahre alt, teilnahm, zuzusehen. Dieser forderte einmal meinen Bruder Eduard zum Ringen auf, wurde aber von diesem so unsanft auf den Boden hingeworfen, dass er für jenen Abend nicht weitermachte.*[173]

Die Berichte des Herrn von Mylius und der Fall Ackerknecht

Über die frühen Kirchheimer Jahre der Herzogin Henriette wissen wir das eine oder andere aus den heute doch sehr informativen Briefen des Herrn von Mylius an seinen Auftraggeber, König Friedrich. »In tiefster Submission« berichtete er zuverlässig und teils pedantisch über die angeblich besonderen Vorkommnisse in Kirchheims Schlossgefilden. Da es Louis verwehrt war, Briefe oder Mitteilungen per Post oder Boten zu versenden, unterrichtete von Mylius auch den Kirchheimer Posthalter Greiner und die Posthalter in Plochingen, Nürtingen und Urach sowie den Kirchheimer Oberamtmann (Landrat) über die besondere Situation. Außerdem war er – unter Geheimhaltung seiner königlichen Befehle – verpflichtet, die Stallknechte bei größeren Ausfahrten möglichst diskret zu visitieren und gegebenenfalls abgenommene Briefe direkt an Majestät zu senden. Ein- und abgehende Briefe der anderen Familienmitglieder sollten jedoch ausgenommen sein.

Besondere Aufmerksamkeit erregten daher auch auswärtige Personen, die in Verdacht standen, mit Louis in Kontakt getreten zu sein oder denen entsprechende Absichten unterstellt wurden: mal war es ein Graf mit französischem Pass, mal ein Ulmer Spediteur, mal italienische Kupferstichhändler, nicht zuletzt auch die engere Verwandtschaft wie die Herzogsbrüder Wilhelm und Heinrich oder Louis' illegitimer Sohn Freiherr von Mengen wie auch der eigene Sohn Adam aus erster Ehe, der in jungen Jahren schon die napoleonischen Feldzüge samt Beresina-Übergang mitgemacht hatte, mittlerweile in Stuttgart und Ludwigsburg beim Militär Dienst tat und nur noch gelegentlich ins Kirchheimer Schloss zu Besuch kam.[174]

Fast konnte man den Eindruck bekommen, dass alles, was sich im Schlossbereich abspielte, zunächst einmal verdächtig war und bei Mylius Misstrauen hervorrief. Dies bekam der Kirchheimer Kaufmann Gottfried Ackerknecht im April/Mai 1813 nicht ganz unbegründet deutlich zu spüren.[175] Er wurde verhaftet, in Stuttgarter Polizeiarrest genommen und im Auftrag des Königs tagelang vernommen, und zum guten Ende hatte der Stuttgarter Polizeiminister von Taube dem König einen Abschlussbericht vorzulegen.

Dieser Kirchheimer Kaufmann betrieb in der Nähe des Schlosses ein Glas- und Tabakwarengeschäft[176] und belieferte auch den Herzog. Bei entsprechenden Besorgungen hatte der Schlossgärtner mitunter heimlich Briefe zur Weiterleitung nach Ulm, Berlin, Nürnberg und in die Bayreuther Gegend überbracht und auch Briefe von dort via Ackerknecht dem Herzog zugestellt. Überdies hatte Ackerknecht anlässlich eines Besuchs bei seinem Sohn in Ehingen/Donau einen Abstecher nach Wiblingen bei Ulm gemacht – angeblich zur Besichtigung der Klosterkirche. Wie es der vielleicht gesteuerte Zufall wollte, begegnete er im Klosterhof dem dort wohnenden Herzogsbruder Heinrich, bestellte ihm Grüße aus Kirchheim und führte mit ihm in dessen Wohnung ein Gespräch. Da auch Herzog Heinrich beim königlichen Bruder in Stuttgart in Ungnade gefallen war und Residenzverbot hatte, wurde die Nachricht von diesem Treffen in Stuttgart zweifellos mit höchstem Misstrauen und Unmut aufgenommen.

Bei den Untersuchungen ergab sich auch, dass Ackerknecht gelegentlich bei Spaziergängen den in der Nähe wohnenden Kutscher des Herzogs besuchte und sich die Blumen am Marstall und auf der Schlossterrasse zeigen ließ. Dabei war es zwei- bis dreimal vorgekommen, dass ihn der Herzog in das Gartenzimmer am Ende der Terrasse bat. Der oft missmutige Herzog habe dann auch geklagt, *dass er gar nichts mehr sei, keinen Freund habe, als Gatte nichts gelte, nichts zu befehlen habe, selbst von seinen Leuten nicht estimiert werde, und man ihn nichts tun lasse, als essen und trinken.* Als untragbar habe er seine Lage mit den nicht geordneten Finanzverhältnissen, in der er nichts für sich und die Seinen tun könne, empfunden. Seit Jahren würde nichts mehr aus Würzau eingehen, und eigentlich müsste sich seine kaiserliche Schwester in Sankt Petersburg für ihn beim König in Stuttgart einsetzen, dass er wenigstens wieder beim württembergischen Militär angestellt würde, den Marschallstab habe man ihm ja auch weggenommen. Außerdem machte sich Louis als Vater große Sorgen um Sohn Adam.

Wirksamen Rat und Trost, den Louis angeblich erbeten hatte, konnte Ackerknecht nicht geben; wäre der Kaufmann nicht verhaftet worden, dann hätte sich allem Anschein nach der Herzog vollends der Lächerlichkeit preisgegeben, denn Ackerknecht war ein Anhänger des Mystizismus[177] und der Prophezeiungen und wollte den Herzog mit einer Kartenlegerin und Wahrsagerin in Owen/Teck in Kontakt bringen, um dessen Zukunft weissagen zu lassen.

Wenig reputierlich hatte sich der Herzog bei Ackerknecht in der Vergangenheit schon des Öfteren gezeigt: Er hatte bei ihm nicht mit Geld, sondern mit Wachslichtern und Zucker aus Schlossbeständen bezahlt; Tafelsilber und auch Schnallen, Bügel, Knöpfe vom Pferdegeschirr mussten über Ackerknecht in Augsburg zu Geld gemacht werden.

Die Affäre Ackerknecht ging ohne weitere Verurteilung zu Ende; der Beschuldigte musste versprechen, in Zukunft gehorsam zu sein und über die Untersuchung nichts verlauten zu lassen. Man stufte ihn letztlich als *einfältigen Krämer und Spielwerk des Herzogs* herunter.

So unbedeutend Ackerknecht auch gewesen sein mag, seine Aussagen geben ein eindrückliches Bild über die damaligen Zustände im Kirchheimer Schloss, in die auch Herzogin Henriette involviert war. Einerseits zeigte sich ein doch merklich abgekühltes Verhältnis zum Ehemann, andererseits sieht man auch die schwierige Zeit, die sie durchlebte.

Auch Oberst von Mylius gab mehrfach zu erkennen, dass es gerade die große Unsicherheit und Ungewissheit wie auch die Missmutigkeit des Gemahls waren, die der noch relativ jungen Henriette gesundheitlich sehr zu schaffen machten. Das Einvernehmen zwischen den Eheleuten war nicht immer das beste. Vor allem wenn Henriette immer wieder einmal aus Stuttgart zurückkehrte, war die Stimmung des verbannten Herzogs besonders gereizt. Aber die Ehefrau legte verständlicherweise Wert auf anhaltend gute Beziehungen zum König und seiner Familie.

Im Zweifelsfall nahm sie in ihrer nicht einfachen Position etwas einseitig Partei für den Regenten, mit dem sie es sich nicht verderben wollte. Das kreidete ihr auch die Königstochter Katharina eines Tages an, obwohl sie in früheren Jahren so viel für ihre Tante übrig gehabt hatte. Als Napoleon die Völkerschlacht bei Leipzig verloren hatte, flüchtete die Königin von Westfalen von Kassel nach Triest und traf im Juni 1815 mit ihrem Sohn im Göppinger Schloss ein, wo sie am 4. Juni und 16. August von Henriette und den Kindern besucht wurde. Aber es scheint ziemlich sicher, dass Henriette am 21. August bei einem Zusammentreffen mit dem König und Katharina im Plochinger Waldhorn eher auf Seiten des Königs stand. Der König wünschte seit 1813, dass Katharina sich von ihrem Mann Jérôme trennt und nach Württemberg zurückkehrt. Katharina lehnte dies rundweg ab. Vermutlich ging es in diesem Plochinger Treffen auch um den zukünftigen Status der Flüchtlingsfamilie und sehr wahrscheinlich um den geplanten Aufenthaltsort im Schloss Ellwangen, das von dem aus dem Kirchheimer Ruhestand herbeizitierten General von Brusselle besser als Schloss Göppingen überwacht werden konnte.[178]

Überwachungserfahrungen gab es ja in Henriettes Schlossbezirk mittlerweile genügend. Selbst über die gesundheitlichen Störungen der Familienmitglieder in Kirchheim musste Majestät – neugierig und fürsorglich zugleich – immer wieder ausführlich unterrichtet werden: vom Betthüten über das zurückgehende Fieber bis zur unruhig verbrachten Nacht. Wenn es dem König zu gefährlich aussah, dann verließ er sich nicht mehr auf den im Kirchheimer Schloss wohnenden Leibarzt Dr. Kallin, den die Familie aus Russland mitgebracht hatte; vielmehr wurde dann der königliche Leibarzt Dr. von Jäger von Stuttgart nach Kirchheim in Marsch gesetzt, um ein kompetentes Konsilium abzugeben.[179]

1816 – ein verflixtes Jahr

Auch wenn man im Schloss einschlägige Zeitungen wie den Österreichischen Beobachter und die Frankfurter Deutsche Zeitung und später auch den Hamburger Unparteiischen Korrespondenten hielt, so war man doch bei eiligen Nachrichten auf Staffetten angewiesen, die mit Eilboten arbeiteten. Auf diesem Weg traf Anfang des Jahres 1816 eine für Henriette tief traurige Mitteilung ein: ihr geliebter Bruder Friedrich Wilhelm, der sie mit großgezogen hatte und dem sie sich dankbar verbunden fühlte, war im Weilburger Schloss die Treppe hinuntergestürzt und einen Tag später am 9. Januar verstorben.[180] Als von Mylius Henriette das Schreiben aus Weilburg aushändigte, weinte sie heftig und anhaltend. Obwohl sie danach erleichtert wirkte und auch die Anwesenheit und der Trost des Stiefsohnes Adam sich wohltuend auswirkten, bekam sie umgehend Fieber, Schlafstörungen und eine »Rose« (Gürtelrose) an beiden Beinen, so dass Dr. Kallin den königlichen Leibmedicus aus Stuttgart anforderte.

Nachdem sie und vermutlich die Töchter Mitte April an den Nachfeierlichkeiten zur Hochzeit von Kronprinz Wilhelm und ihrer alten russischen Freundin Katharina Pawlowna teilgenommen hatten, erkrankte sie im April erneut an Schwindel, stechenden Schmerzen und Betäubung in der rechten Stirn, Alpträumen und einer gewissen »Vollblütigkeit«, was der wieder herbeigerufene Leibmedicus Dr. von Jäger mit einem Aderlass und Blutegelsetzen hinter den Ohren behandelte. Wenig später stellte sich beim Nachhausegehen von der Martinskirche auch noch ein Brustkrampfanfall ein, Relikt aus früheren Jahren.[181]

Die Sorgen wurden jedoch nicht kleiner. Im Juni stellten sich bei Herzog Ludwig erhebliche gesundheitliche Störungen ein – man sieht ihn einmal links und einmal rechts hinken –, von Mylius spricht von wiederholten gefährlichen Anfällen, wobei er bemerkte, dass Henriette stets in übergroßer Güte geholfen habe, aber sich auch immer wieder etwas vormachen ließ. Eine längere Kur, möglichst im Ausland, wurde ins Auge gefasst. Oberst von Mylius hatte die Kur beim König nicht zuletzt auch im Blick auf die nervliche Entlastung Henriettes während der Abwesenheit ihres Gemahls befürwortet. Bewilligt wurde eine Kur in Bad Wildbad, jedoch in Begleitung des Arztes und des Herrn von Mylius, dem auch die Reisekasse anvertraut wurde. Die Gruppe reiste am 17. Juli ab und kehrte am 22. August zurück.[182]

Ein Erfolg der Kur war jedoch nicht zu erkennen. Kaum zurück im Kirchheimer Schloss, stellten sich bei Louis Sprechbehinderungen mit einer Art Zungenlähmung, Gehschwierigkeiten, Gesichtsmuskelerschlaffung und Schwächen auf der rechten Seite sowie depressive Stimmungslagen und Entkräftungszustände ein, die einige Zeit anhielten. Henriette konnte ihre Sorgen und ihren angegriffenen Zustand nur mühsam verbergen. Man hatte die größten Probleme, die verschobene Konfirmation der beiden Töchter Amalie und Pauline schließlich am Sonntag, dem 22. September, in Kirchheim in Anwesenheit des Vaters durch den Oberhofprediger d'Autel vornehmen zu lassen. Nach dem Eintrag des Dekans Pfeiffer ins Konfirmationsregister nahmen am anschließenden Abendmahl der Gemeinde bereits die beiden Prinzessinnen und Mutter Henriette teil. König Friedrich legte auf solche Ereignisse ein großes Augenmerk, ließ sie gründlich vorbereiten und ordnete in diesem Falle auch an, dass eine Deputation der königlichen Konsistorien dem kirchlichen Akt beiwohnen musste, darunter Staatsrat und Direktor Schmiedlin, Prälat von Griesinger und Oberkonsistorialrat von Waechter. Entsprechend würdevoll sind dann auch die französisch abgefassten Briefchen der Prinzessinnen an den König, in denen sie ihn um seinen väterlichen Segen für den neuen Lebensabschnitt bitten.[183]

Aber der turbulenten Ereignisse von 1816 noch nicht genug: Der königliche Onkel konnte nur noch ganz kurz die schützende Hand über die Prinzessinnen halten; er hatte sich bei der Besichtigung von Ausgrabungen in Bad Cannstatt eine schwere Erkältung zugezogen und starb bereits am 30. Oktober an einer Lungenlähmung, wenige Stunden vor der

Geburt seiner Enkelin Marie, des ersten gemeinsamen Kindes des neuen Königspaares Wilhelm und Katharina.[184] Dass Herzogin Henriette an der Bestattung in Ludwigsburg teilnahm, ist nicht belegt; die Teilnahme am Trauergottesdienst im Dezember ist jedoch anzunehmen. Sicher ist nur, dass Louis weder bei der Gruftbestattung noch beim Gottesdienst zugegen war, da er Residenzverbot hatte und somit seinen königlichen Bruder zuletzt im Mai 1810 vor seiner unheilvollen Reise nach Russland und Warschau zu Gesicht bekommen hatte. Als der König bereits im Sterben lag und Henriette nach Stuttgart fahren wollte, kam es nach dem Bericht des Herrn von Mylius vom 30. Oktober zu *einer stillosen Szene im Herzogszimmer in Anwesenheit der Prinzessinnen,* da Louis mit seiner Frau in die Residenz reisen und die alleinige Abreise Henriettes verhindern wollte, sodass von Mylius mit Gewalt die Türe öffnen musste.

Der Herbst 1816 war auch sonst keine schöne Zeit in Württemberg, zeichnete sich doch nach verregneter Ernte und frühem Schnee eine katastrophale Hungersnot ab, die später anzusprechende Unterstützungsmaßnahmen notwendig machten, an denen sich auch das Königshaus und die herzogliche Familie in Kirchheim beteiligten.

Die Hochzeit der Prinzessin Amalie

Noch vor der erwähnten Konfirmation im September hatte sich der in Stuttgart weilende Erbprinz Joseph von Sachsen-Hildburghausen im August an König Friedrich I. gewandt, um dessen Zustimmung wie auch die des Herzogs Louis und der Herzogin Henriette für die Werbung um die Hand der gut 17-jährigen Prinzessin Amalie zu erhalten.[185] Diese Brautwerbung wurde zweifellos von Charlotte, der zwei Jahre älteren Schwester des Erbprinzen, angebahnt, die mit dem württembergischen Königssohn Paul, einem Vetter der Prinzessin Amalie, verheiratet war und so Amalie und deren Familie gut kannte. Außerdem war Charlottes Schwester Luise bereits seit 1813 mit dem Neffen Henriettes, dem regierenden Herzog Wilhelm von Nassau, verheiratet.[186]

Da es keine Einwände gegen die Hochzeit gab, arbeitete man in Stuttgart bald einen Ehevertrag aus, der in Hildburghausen am 17. Februar

1817 und in Stuttgart am 10. März unterschrieben wurde. Unter den sieben Unterschriften befindet sich auch die von Herzogin Henriette, die in diesem Dokument mit ihrem damaligen vollen Titel erscheint: »Wir Henriette von Gottes Gnaden Herzogin von Württemberg und Teck, Frau zu Heidenheim und Justingen, geborene Fürstin zu Nassau, Gräfin zu Saarbrücken und Saarwerden, Frau zu Lahr, Wißbaden und Idstein«.[187] Nachdem am 24. April im Schloss die in Württemberg übliche Verzichtserklärung des Hochzeitspaares auf die Thron- und Erbfolge im Königreich zum Vorteil des Mannesstamms vor den Staatsministern von Lühe und Graf von Zeppelin durch Eid abgelegt worden war,[188] fand in der Martinskirche zu Kirchheim, keine 250 Meter vom Schloss entfernt, durch Prälat d'Autel die kirchliche Trauung in Anwesenheit von König Wilhelm I. und Königin Katharina statt.[189] Am 2. Mai sah das Herzogspaar, froh und traurig zugleich, sein erstes Kind aus dem Elternhaus scheiden. Wieder waren anstrengende Tage im Kirchheimer Schloss zurückgelegt worden.[190]

Die Witwenzeit

Der Tod des Herzogs –
die fast noch jugendliche Witwe

Oft genug war Herzog Louis in den letzten Jahren dem strengen Blick des Herrn von Mylius entwichen, mal traf er sich vermutlich in Hedelfingen oder Oberesslingen, mal in Plochingen, Altbach oder Stetten in Gasthöfen mit Sohn Adam oder auch mit seinen Brüdern Wilhelm und Heinrich, vielleicht auch anonym gebliebenen Personen. Um der Kontrolle mehr zu entgehen, ritt er einfach weg, nahm auch Postpferde, lieh sich auf Bauernhöfen Pferde aus und ließ die eigenen dort stehen. Einmal kam er zum Entsetzen Henriettes zu Fuß nach Hause, da an der Plochinger Steige die Pferde scheuten und ein Deichselbruch aufgetreten war.[191]

Nun gestattete ihm der junge König Wilhelm sogar – wahrscheinlich zum Leidwesen des »Aufpassers« – eine Reise zum Bruder Heinrich nach Ulm und Wiblingen, wie überhaupt nach königlichem Willen bei der Überwachung liberaler und großzügiger verfahren wurde. Schon unmittelbar nach dem Tod König Friedrichs wollte Prinz Adam die Gunst der Stunde nutzen und appellierte in einem Schreiben vom 1. November 1816 an den Gerechtigkeitssinn seines gerade inthronisierten Vetters Wilhelm, die traurige Lage seines armen Vaters als »Staatsgefangener« in Kirchheim zu beenden. Die postwendende Antwort blieb nicht aus: Onkel Louis soll zwar kein Staatsgefangener sein, aber die Forderungen der Gesetze seien auch bei fürstlichen Personen streng und er müsse auch weiterhin darauf bestehen, dass Louis weder bei Hof noch in den königlichen Residenzen erscheint und sich in Kirchheim ruhig und ohne Umtriebe verhält. Wenig später ließ er General von Mylius wissen, dass weiterhin Berichte von ihm erwünscht sind, aber nicht zu häufig.[192]

So reiste denn der Herzog zum Bruder nach Ulm. Und Herzogin Henriette ließ unverzüglich das Köngener Badehäuschen am Neckar abbauen und vom Wendlinger Fuhrunternehmer Heilemann nach Bad Cannstatt bringen, um zusammen mit ihren drei Töchtern im Frösnerschen Badgarten am rechten Neckarufer gegenüber der heutigen Wilhelma eine kleine Badekur zur Erholung von den Strapazen der letzten Monate zu verbringen. Sie war jedoch noch nicht lange aus Kirchheim weg, als von Wiblingen die Nachricht eintraf, ihr Mann sei gefährlich erkrankt. Sie reiste sofort Mitte Juli und dann nochmals Ende Juli bis zum 12. August mit ihren Kindern in den Ulmer Vorort.[193] Letztlich entschloss man sich, den Schwerkranken wieder ins Kirchheimer Schloss zu transportieren, wo sich nicht nur Dr. Kallin und Henriette und die engsten Vertrauten der Hofhaltung um ihn kümmerten, sondern auch der Oberamts- und der Hofchirurg aus Stuttgart.[194] Doch die Zeit des in den letzten Jahren immer wieder kränkelnden Herzogs war bald abgelaufen; in seinem Körper, vor allem in der Brust hatte sich viel Wasser angesammelt, das sich auf andere Körperzonen verteilte und auch austrat oder sich über starken Schweiß absonderte. Mit einem letzten Aufschrei starb er am 20. September nachts um 2 Uhr, laut Totenregister nach mehreren schlagartigen Anfällen. Henriette und die Kinder, die in den letzten Wochen manches mitgemacht hatten, waren in der Todesstunde vollzählig zugegen. Der ebenfalls anwesende Erzieher des Prinzen Alexander, Pfarrer Hoffmann, betete sofort mit der Familie.[195] Der Verstorbene wurde von einem Hofkaplan eingesegnet, von einem Hofarzt einbalsamiert und zwei Stunden vor Abgang des Trauerkondukts in einem schwarz ausgeschlagenen Zimmer des Schlosses aufgebahrt. Die Spitzen der Stadt Kirchheim trugen den Sarg zum Leichenwagen, der von sechs Pferden aus dem eigenen Stall gezogen wurde. Andere Wagen mit königlichen Kommissären und Hofchargen, Reiter und Fackelträger bildeten den Trauerzug, der sich am Dienstag, dem 23. September, um 16 Uhr in Kirchheim in Bewegung setzte und kurz nach 22 Uhr in Begleitung von Teilen des Louisjäger-Regiments in Stuttgart ankam, sodass nach einer kurzen Ansprache des Oberhofpredigers d'Autel um 23 Uhr die Bestattung in der Gruft der Stiftskirche in Anwesenheit der Angehörigen und des Hofes stattfinden konnte.[196]

Am folgenden Tag lud Henriette die Trauergäste zu einem Leichenschmaus in den damals renommierten Stuttgarter Gasthof »Zum König von Württemberg« an der Ecke Lange Straße/Kronprinzenstraße 26 ein.[197] Der König verordnete anlässlich des Todes seines Onkels eine sechswöchige Staatstrauer, die nur von den Feierlichkeiten zum 300. Reformationsjubiläum unterbrochen werden durfte.[198] Selbst Ludwig Uhland vermerkt in seinem Tagebuch das Begräbnis des Herzogs Louis, was darauf hindeutet, dass man seinen Tod in der Öffentlichkeit durchaus zur Kenntnis nahm.[199]

In nahezu allen Hochadelshäusern Europas nahm man natürlich auch offiziell Notiz vom Tod des »Schuldenherzogs« Louis und sprach dem König das formale Beileid aus. Neben den Schreiben der Angehörigen des königlichen Hauses sind in den Akten nicht weniger als 55 vielfach französisch abgefasste Briefe von Regenten erhalten, darunter die Kaiser von Österreich und Russland, die Könige von Frankreich, England, Preußen und Spanien oder der in lateinischer Sprache schreibende Papst Pius VII., die zweite Frau des auf St. Helena lebenden Napoleon als nunmehrige Herzogin von Parma und der spätere deutsche Kaiser Wilhelm I., aber auch die benachbarte Schweizerische Eidgenossenschaft.

Persönlicher gehalten und mit der Bitte um Trost und Unterstützung für die Herzogswitwe und ihre Kinder versehen sind die Briefe der nahe verwandten und befreundeten Zarenfamilie. Besonders einfühlsam zeigte sich der Zar in einem aus Moskau abgesandten persönlichen Schreiben an Henriette, deren Kindern einschließlich Stiefsohn Adam er – bei entsprechender Notwendigkeit – Hilfe in Aussicht stellte. Diese Hilfe nahm lediglich Adam in Anspruch. Er trat in russische Dienste und wurde später Generaladjutant des Zaren Nikolaus I. und Generalleutnant der russischen Truppen, mit denen er 1830 auch in Polen, die Heimat seiner Mutter, einrückte. Da er die Beschädigung des Familienschlosses Pulawy, in dem er geboren worden war, nicht verhinderte, brach der Kontakt zu seiner aus Polen geflohenen Mutter ab. Nach dem Ausscheiden aus russischen Diensten starb der ledig gebliebene Herzog Adam 1847 in Bad Schwalbach (Hessen) und wurde nach Überführung in der Stuttgarter Stiftskirche beigesetzt.[200]

Herzog Adam, Stiefsohn Henriettes, als hoher Offizier

Gerade mal 37 Jahre alt war die Witwe des Herzogs und Mutter von vier unmündigen Kindern zwischen 13 und 20. Die Volljährigkeit trat nach dem Hausgesetz erst mit 22 Jahren ein. Auch wenn in höchsten Regierungskreisen bekannt war, dass Henriette *eine für das Wohl ihrer minderjährigen Kinder zärtlich besorgte Mutter* war, konnte eine Witwe damals die Vormundschaft für ihre Kinder nicht übernehmen, selbst wenn sie dem Hochadel angehörte. Symptomatisch für die damalige Zeit ist die Benennung der Frau nach dem Beruf oder dem Namen des Mannes; so wurde Henriette zumeist Herzogin Louis (*la duchesse Louis*) geheißen. Ihrem Wunsch entsprechend wurde der königliche Obersthofmeister Freiherr von Seckendorff als Vormund für die Kinder bestellt.[201]

Finanziell war Henriette als Witwe nicht schlecht gestellt, da ihr der königliche Neffe zwei Drittel der bisherigen herzoglichen Apanage, also 22.380 fl. sowie 60 Maß Buchenholz, beließ und den Extrafonds für die Kinder entsprechend ihrer Zahl aufrecht erhielt. Seit die älteste Tochter Marie Dorothee im Juli 1815 noch von König Friedrich zur Äbtissin des adeligen Damenstifts Oberstenfeld ernannt worden war und eine Präbende von 2.000 fl. jährlich erhielt, ohne im Stift Residenzpflicht zu haben, verbesserte sich das Familieneinkommen nochmals.[202] Überdies war mit dem Tod des Herzogs auch die Zeit der Vermögensverwaltung und Ausgabenüberwachung durch Kommissionen beendet.

Als die Fürstin Pauline zur Lippe am 25. Oktober 1817, also ungefähr einen Monat nach der Beisetzung des Herzogs, in das Schloss Kirchheim unter Teck kam, schrieb sie in ihr Reisetagebuch: *Wir wurden gütevoll empfangen. Die noch immer schöne Herzogin Louis ist eine sehr gefällige, beynahe jugendliche Gestalt. Sie gleicht dem theuren Bruder, dem letzten Fürsten von Nassau-Weilburg, sehr, spricht gut, viel, geistreich, hat ganz den Ton der Höfe. Von ihren fünf Kindern ist die älteste Prinzessin Marie schon Aebtissin, sehr stark weiß, blond, äußerst gutmütig, aber gar nicht schön. Die zweyte Tochter nach Hildburghausen nicht lange vermählt, Prinzessin Pauline, lieblich, heiter und hübsch, die jüngste, Prinzessin Elise, verspricht es zu werden. Da sie wenig redeten, nur antworteten, so kann ich nur das von ihnen und dem 11-jährigen [muss heißen 13-jährigen; d.A.], viellachenden Prinzen Alexander sagen.*[203]

Der letztgenannte Alexander machte der Mutter gewisse Sorgen, nicht nur, weil er als Jüngster den Tod des Vaters vermutlich besonders betrauerte, sondern im Vergleich zu Alterskameraden wohl etwas zurückgeblieben und wenig lebhaft wirkte, was nicht zuletzt auch auf seine isolierte Erziehung zurückzuführen war.[204] Henriette richtete daher am 3. Dezember 1817 einen französisch abgefassten Brief an ein Genfer Erziehungsinstitut mit der Bitte, den Sohn samt seinem Erzieher aufzunehmen.[205] Bereits im Februar 1818 begab sich der Erzieher Hoffmann mit seinem Schützling auf die beschwerliche Reise nach Genf. Hier trat Alexander im März in das Privatlehrinstitut des reformierten Predigers Conte ein,[206] sodass Henriette sich nun ganz ihren drei Töchtern widmen konnte. Auch Besuche in Stuttgart bei Königin Katharina mit Übernachtung im so genannten Fürstenhaus sind belegt.[207]

Die Reise nach Italien

Im April 1818 reicht die *unterthänige Tante* Henriette beim *allerdurchlauchtigsten* und *großmächtigsten* König einen Bittbrief ein, in dem sie mit Hinweis auf den Gesundheitszustand der ältesten Tochter und auf Anraten der Ärzte um die Genehmigung einer sechs- bis achtmonatigen Reise nach Italien ersucht. Als »Reisemarschall« wird Generalmajor von Mylius, der frühere Bewacher des Herzogs, erbeten. Da Henriette das notwendige Geld für die Reise nicht parat hatte, bat der König das Stuttgarter Handlungshaus Stahl und Federer, den ungemein hohen Betrag von 42.000 fl. gegen Verschreibung der Würzauer Einkünfte vorzuschießen, und bürgte gleichzeitig mit seinem Privatvermögen.[208]

So konnte denn am 31. Juli 1818 um 18 Uhr die im April erstmals Großmutter gewordene Witwe mit ihren drei Töchtern, der Hofdame und Gouvernante des Echerolles, Herrn von Mylius und Kammerdiener Berroth sowie drei Kammerfrauen und vier Wagen in Kirchheim unter Teck die große Reise beginnen. Vielleicht hatte Stiefsohn Adam Informationen gegeben, da er schon im Sommer 1817 nach Rom gereist war.[209]

Die erste Etappe, eine Nachtreise, führte über Neckartailfingen, Urach, Münsingen und Ehingen nach Biberach, wo das Frühstück eingenommen wurde. Am 1. August ging es über Waldsee und Ravensburg nach Friedrichshafen, das man gegen 18 Uhr erreichte und am nächsten Morgen bereits um 5.30 Uhr wieder verließ, um von Meersburg nach Konstanz überzusetzen, dann abends auf dem Landweg über Radolfzell und Singen am Hohentwiel an die Schweizer Grenze zu gelangen, wobei in Singen des in Kirchheim begrabenen legendären Hohentwielverteidigers Konrad Widerholt gedacht wurde. Mit den Tagesmahlzeiten, den Pferdewechselpausen und einer Besichtigung des geschichtsträchtigen Konstanzer Münsters benötigte man also damals zwei ganze Tagesetappen und eine Nachtetappe, um bei Thayingen/Schaffhausen über die alte »Schweizer Straße« in die Eidgenossenschaft zu kommen. In einer dritten Tagesreise fuhr man von Schaffhausen über den Rheinfall und Eglisau nach Zürich, wo ein Waisenhaus, aber auch das Grabmal Lavaters das Interesse der Herzogin und ihrer Töchter fand.[210]

Offenkundig wählte man nicht den kürzesten Weg durch die Schweiz, sonst hätte man für die Strecke von Zürich bis nach Genf nicht ungefähr zehn Tage gebraucht. Von allem Anfang an war es wohl Henriettes Absicht, diese Reise nicht nur zur Erholung, sondern auch zur Bildung zu unternehmen. Bekannte Sehenswürdigkeiten, landschaftliche Schönheiten, Besichtigung von Erziehungsanstalten und Gespräche mit bedeutenden Pädagogen bestimmten Reiseroute und -dauer. Henriette erwähnt in ihrem Reisetagebuch: Zuger See, Hohle Gasse, Arth, Besteigung des Rigi, Brunnen mit Schiffsfahrt auf dem Vierwaldstätter See, Einsiedelei des Nikolaus von der Flüe, Luzern, Sempach mit Winkelriedgedenkstätte, Herzogenbuchsee, Münchenbuchsee mit Besichtigung der Pestalozzi-Erziehungsanstalt und Gespräch mit dem leitenden Pädagogen Fellenberg, Murten, Payerne und erstes Gespräch mit Pestalozzi sowie Yverdon (Iferten) mit Besichtigung der wenig später eröffneten Armenanstalt Pestalozzis. Sehr beeindruckt notierte Henriette: *Nicht ohne tiefe Rührung verließen wir den Greiß in dessen Nähe man sich ... wohl fühlt, er versprach mir einen Besuch in Kirchheim.* Leider ist es jedoch dazu nicht mehr gekommen.

Das Miniaturporträt zeigt Henriette um 1820

Auf dem Weg von Yverdon nach Genf wurde Henriette beim Einfahren in das Städtchen La Sarraz freudig überrascht, weil hier der von Genf herbeigeeilte Sohn Alexander und sein Erzieher Hoffmann auf die Kirchheimer Reisegesellschaft warteten. Die Freude wurde jedoch jäh getrübt, als Alexander sich abends bei einem Kutschenunfall vor dem zur Übernachtung vorgesehenen Gasthof in Cossonay den Arm brach und dann Monate daran laborierte. Nach einer weiteren Übernachtung in Rolle am Genfer See traf man schließlich am 14. August im Hotel d'Angleterre in Genf ein, wo Henriette sich dann schnell und energisch im Erziehungsinstitut des Sohnes umschaute, ihrer Unzufriedenheit über manche Nachlässigkeiten, das Fehlen religiösen Lebens und der für Alexander so notwendigen Motivation Ausdruck gab und veranlasste, dass Alexander sofort in das Institut des Professors Gerlach wechselte. Obwohl der Stundenplan von 6 bis 18 Uhr anstrengend war, fühlte sich der Prinz unter Gleichaltrigen, darunter auch der Fürstensohn von Leiningen, dort recht wohl.[211]

In Genf selbst besuchte Henriette eine Predigt von Professor Gerlach, eine Gemäldesammlung sowie die erste Schweizer Uhrenfabrik und beschnupperte kurz das gesellschaftliche Leben Genfs, das sie angenehm beeindruckte. Nach einer abendlichen Fahrt auf dem Genfer See hieß es am 24. August Abschied nehmen, um die Reise über Aix-les-bains, Chambéry, Montmélian und die Passhöhe des Mont Cenis ins oberitalienische Piemont fortzusetzen. Am 28. August traf Henriette bereits in Turin, dem Hauptsitz des Hauses Savoyen, ein. Neben dem königlichen Palast fand natürlich das Schweißtuch der Veronika im Dom sowie der wunderschöne Blick zum schneebedeckten Viertausender Monte Rosa ihre besondere Aufmerksamkeit.

Über Alessandria erreichte man am 31. August Genua, die erste Station am Mittelmeer. Erst am 13. September ging es weiter, da man hier auch Seebäder nehmen konnte. Elegantes Domizil war der ehemalige Palazzo Grimaldi, der zum Hotel d'Europe umgebaut worden war. Tagelang wurden Kirchen, Bildersammlungen (unter anderem des Paul Veronese), Bibliotheken, Parkanlagen, Wälle, Straßen und Paläste, beispielsweise die Paläste Andrea Doria und Durazzo, aber auch ein Taubstummeninstitut besichtigt.

Von Genua/Portofino aus wurde die übliche Schiffsreise nach Lerici angetreten, bei der alle Frauen – vielleicht wegen eines Unwetters – seekrank wurden. In Livorno versäumte man ein amerikanisches Schiff für die Weiterreise in den Golf von Neapel, fuhr zurück nach Pisa, um dann über Siena und Viterbo am 23. September Rom zu erreichen, wo erste Eindrücke der »Hauptstadt der Welt« an der Engelsburg, an der Peterskirche, am Kolosseum gesammelt wurden. Anderntags ging es jedoch gleich weiter über Castel Gandolfo und den Albaner See nach Velletri, dann nach Gaeta und Neapel, wo man am 27. September abends das Hotel d'Angleterre bezog. Trotz starker Hitze bekam die Reisegesellschaft sogleich einen Badewagen, nützte den neapolitanischen Spätsommer aber auch wieder zu einer ungeheuren Fülle von Besichtigungen in der Stadt und ihrer historisch-kulturell reichen Umgebung. Die Ausgrabungen von Pompeji und Paestum, der Vesuv, die Grotten von Posellipo, das »Grab Vergils«, viele Kirchen mit ihren Kunstwerken, die Museen und Bibliotheken der Stadt, das Karlstheater und das Florentinische Theater mit Aufführungen standen auf dem Programm; aber auch wieder – fast schon symptomatisch für spätere Aktivitäten der Herzogin und ihrer Töchter – die Besichtigung einer Waisenschule, an der Kinder zwischen sieben und zehn Jahren aufgenommen wurden und bis zum 15. Lebensjahr bleiben durften. Der fast zweimonatige Aufenthalt in Neapel schien bei allen Anklang gefunden zu haben. Am 18. November schrieb Henriette etwas sentimental in ihr Tagebuch: *Meine Kinder scheiden nur sehr ungern, leb wohl mein Napoly.*

Die Rückreise nach Rom erfolgte über Caserta, Capua und Gaeta sowie die Straße durch die südlichen Pontinischen Sümpfe. In Caserta hatte sich die Reisegesellschaft in der pompösen Residenz des bourbonischen Königs beider Sizilien anmelden lassen, wurde aber in diesem »Versailles des Südens« – wie man einem Brief des berichtserprobten Herrn von Mylius entnehmen kann – überhaupt nicht standesgemäß empfangen.[212]

In der Ewigen Stadt

Am 22. November stieg man in einer der besten Adressen Roms ab, im Hotel d'Europe.²¹³ Die Anwesenheit der Herzogin muss sich sehr schnell in Hochadelskreisen, an der römischen Kurie und bei den Diplomaten herumgesprochen haben; vermutlich sorgte auch der württembergische Geschäftsträger in Rom, Geheimer Legationsrat von Kölle, für offizielle Informationen in den entsprechenden Kreisen. Bereits am 25. November kamen Fürst und Fürstin Kaunitz sowie die rechte Hand des Papstes, Kardinalstaatssekretär Consalvi, bei Henriette zu Besuch. Und am 26. November, 11 Uhr, erhielt sie bei Papst Pius VII. im Quirinalspalast, dem damaligen Sitz des Oberhaupts der römisch-katholischen Kirche wie auch des quer durch die Mitte Italiens sich erstreckenden Kirchenstaats, eine Privataudienz. Pius VII. (1740–1823) zählt zu den bedeutenden Päpsten der letzten 200 Jahre und hatte in seiner Pontifikats- und Regierungszeit die Irrungen und Wirrungen der napoleonischen Ära zu ertragen und zu meistern, darunter die unwürdigen Vorgänge um die Kaiserkrönung Napoleons 1804, die Exkommunizierung Napoleons und seine eigene Verschleppung nach Savona und 1812–14 nach Fontainebleau. Aber er zeigte auch die Größe, nach dem Sturz Napoleons dessen Familie in seinem Kirchenstaat aufzunehmen und sich für eine menschliche Behandlung des nach Sankt Helena verbannten Ex-Kaisers einzusetzen. Von Schweizer Gardisten und zwei Prälaten nach oben geleitet, von einem Erzbischof in Empfang genommen und von Fürst Sforza im päpstlichen Kabinett angemeldet, kam ihr der Heilige Vater, an der Tür entgegen und reichte ihr die Hand, in dem er sie bis zu ihren Lippen hochhielt, doch die Protestantin verbeugte sich nur tief, ohne die Hand oder den Ring zu küssen.

Im päpstlichen Kabinett befanden sich ein Thronhimmel, ein Schreibtisch und zwei rote Samtsessel, in denen der Papst und Henriette Platz nahmen, während die drei Töchter auf einfacheren Tabouretten, schemelähnlichen Stühlen ohne Lehnen, saßen. Der Papst sprach anscheinend dürftig Französisch und Henriette nicht Italienisch, sodass Pius VII. etwas verlegen schien. Man unterhielt sich unter anderem über seine von Napoleon veranlasste »französische Gefangenschaft« in Fontainebleau. Von einer eventuellen diplomatischen Mission Henriettes, über die gelegentlich spekuliert wurde, ist im Tagebuch keine Rede, obwohl wichtige Verhandlungen zwischen den süddeutschen protestantischen Ländern und dem Papst – auch über die Neueinrichtung und Neuaufteilung von Diözesen wie zum Beispiel Rottenburg in Württemberg – in den nächsten Monaten angesagt waren, bei denen der württembergische König bekanntermaßen eine vernünftige, vorsichtige Haltung einnahm.[214]

Beim Abschied schüttelte der Papst der Herzogin die Hand, ohne sie zum Kuss zu reichen, begleitete die vier Damen noch vor die Tür, sodass ihm die dort wartenden Begleitpersonen noch vorgestellt werden konnten und sich die katholische Hofdame des Echerolles über die Begegnung mit dem Papst freuen durfte. Henriette empfand den greisen Papst als sehr angenehm, ehrwürdig, freundlich, herzlich in seinen Äußerungen und Gebärden.

Die Begegnung verlief keinesfalls negativ, da der Papst Henriette zum ersten Advent in die Sixtinische Kapelle und wenig später wiederum in den Quirinalspalast zu einem Essen sowie kurz nach Weihnachten zu einer Messe einlud und die Erlaubnis zur Besichtigung von nicht allgemein zugänglichen Räumen in den Galerien des Vatikan gab.

Auch Kardinalstaatssekretär Consalvi, dessen politische und historische Bedeutung schon damals nicht zu übersehen war und den Henriette als *anmutigen Gesprächsführer* wie keinen zweiten bezeichnete, bemühte sich in der Folge noch des Öfteren um Henriette und machte Besuche bei ihr, was durchaus als diplomatische Obsorge für ein gutes Klima mit dem protestantischen Württemberg gewertet werden konnte. Dies trifft zweifellos auch für manch anderen Kontakt mit Kurienkardinälen zu. Wie sehr Henriette von Kardinal Consalvi beeindruckt war, zeigt ein kleines Dankesbriefchen des Kirchenmanns in französischer Sprache an die *Altesse Royale* (Königliche Hoheit), das im Nachlass des mit ihr verwandten Hauses Hohenlohe-Langenburg überliefert ist.[215]

Deutlich mehr Kontakte als zu den katholischen Würdenträgern ergaben sich zum Hochadel: zum Kronprinzen und zur Kronprinzessin von Neapel, zur früheren Königin von Etrurien, zum Neffen des letzten polnischen Königs Poniatowski, zu Großfürst Michael von Russland, Fürst Adam Czartoryski und Fürstin Sophie Czartoryska, dem Schwager und der Schwägerin ihres verstorbenen Gemahls Louis; zum Herzog von Bracciano, dem Rothschild Italiens; zum österreichischen Kaiserpaar und zu erzherzoglichen Familienmitgliedern, zu Fürst Metternich, vielen Angehörigen des diplomatischen Korps und anderen.[216]

Und wieder besuchte Henriette zahlreiche Kunststätten, allen voran die überwältigende Peterskirche, die Katakomben, die römischen Altertümer, die grandiosen Anlagen und Wasserspiele im Vorort Tivoli, das Atelier des damals hoch angesehenen dänischen Bildhauers Bertel Thorvaldsen, den sie 1820 auf seiner Reise nach Kopenhagen in Stuttgart wieder traf.[217]

Die in Rom anwesenden Protestanten erinnerten sich noch lange dankbar an die Herzogin von Württemberg. Nachdem der ihr bekannte Pfarrer Kloß, angeblich ein Vetter des Philosophen Schelling, bereits an Weihnachten eine Predigt in ihren Gemächern gehalten hatte[218], kamen am Palmsonntag 1819 bei ihr über 50 Protestanten zu einer Abendmahlsfeier zusammen, wahrscheinlich die erste protestantische gottesdienstähnliche Veranstaltung im katholischen Rom. Das bewog wenig später den preußischen Gesandten Niebuhr, bei Kardinal Consalvi und beim Papst um die Genehmigung freier protestantischer Religionsausübung in einer eigenen Kirche nachzusuchen. Bereits am 27. Juni 1819 konnte in Niebuhrs Vorzimmer ein erster offizieller protestantischer Gottesdienst gefeiert und schon 1823 im Palazzo Caffarelli eine Kapelle mit Orgel eingerichtet werden.[219]

Die bewegendsten Ereignisse jedoch, die Henriette in Rom überraschten, waren sozusagen außerrömischen Ursprungs. Eigentlich hatte die Herzogin am 7. Januar 1819 aus Rom abreisen wollen, erhielt jedoch von Königin Katharina aus Stuttgart einen Brief, in dem diese empfahl – da Henriette und den Töchtern das römische Herbst- und Winterklima mit diversen fiebrigen Erkältungen zusetzte – den Winter noch dort zu bleiben, um im Frühjahr erneut die Seebäder in Livorno aufzusuchen.[220] Dieser Empfehlung kam man gerne nach, doch wurde der Romaufenthalt von einem fürchterlichen Ereignis belastet: Am 9. Januar verstarb in

Stuttgart die erst 31-jährige Königin Katharina. Als Henriette dies am 18. Januar erfuhr, verschlug es ihr die Sprache. Erst am 14. Februar schreibt sie in ihr Tagebuch: Seit dem 18. Januar wo ich den Tod meiner besten Freundin erfuhr habe ich nicht wieder Muth zum Schreiben in meinem Journal gefasst.[221]

Der verlängerte Romaufenthalt brachte jedoch für Henriette und Tochter Marie Dorothee ein erfreuliches Ende. Bereits vor und nach Weihnachten 1818 hatte sich in Rom und sogar in Henriettes Hotel der Bruder des österreichischen Kaisers, Erzherzog Joseph, seines Zeichens Statthalter des Kaisers in Budapest, eingefunden. Henriette hatte sich bei seinem Abschied ein baldiges Wiedersehen erhofft und in der vor- und nachösterlichen Zeit auch erlebt. Am 28. April notierte sie dann kurz und bündig, dass die Schwierigkeiten behoben und Marie endlich die glückliche Braut des vortrefflichen Palatins sei.[222] Joseph, normalerweise in der Budapester Königsburg residierend, war vermutlich von der heiratspolitisch sehr aktiven Zarenmutter Maria Feodorowna auf die italienische Reise der ihr bestens bekannten Kirchheimer Verwandtschaft aufmerksam gemacht worden, zumal Joseph in erster Ehe mit Maria Feodorownas Tochter Alexandra verheiratet war und diese gleich im ersten Kindbett verlor. Das weitere Schicksal des ihr sehr genehmen Schwiegersohns war ihr ein Anliegen, da er 1817 auch seine zweite Frau Hermine, eine nassauische Nichte Henriettes, bei der Geburt von Zwillingen verlor.[223] Spätestens beim Besuch der Zarenmutter im Oktober 1818 in Stuttgart und Ludwigsburg, zu dem sich auch der Palatin eingefunden hatte – die »Kirchheimer« waren bereits unterwegs –, dürften der Gedanke einer Reise des unglücklichen Witwers nach Rom gereift sein.[224]

Rückreise nach Württemberg

Am Mittwoch, dem 28. April, abends 9 Uhr verließen Henriette und ihre Reisegruppe die Ewige Stadt. Alle schienen sich nach Berichten des Herrn von Mylius und auch des Prinzen Alexander aus Genf nach dem Vaterlande zurückzusehnen. Nach Übernachtungen in Terni, Perugia und Arezzo sowie einigen Besichtigungen erreichte man am 2. Mai Florenz, die Hauptstadt des Großherzogtums Toskana. Henriettes künftiger Schwiegersohn, der in Florenz geborene Erzherzog Joseph, reiste der Gruppe auf der gleichen Route voraus, um Nachtquartiere zu arrangieren und die Begegnungen mit der großherzoglichen Familie vorzubereiten. Der seit Napoleons Fall wieder inthronisierte habsburgische Großherzog Ferdinand III. von Österreich-Toskana war ein älterer Bruder von Joseph, beide im Übrigen Enkel von Maria Theresia.

Man speiste in der Folge an der großherzoglichen Tafel in dem vom Garten Boboli umgebenen Palazzo Pitti, nahm an Hofbällen teil und fuhr mit der großherzoglichen Familie zum Gut Poggio a Caiano bei Prato. Henriette fand den Regenten aufgrund seiner Hilfsbereitschaft und österreichischen Treuherzigkeit sehr sympathisch.

Aber auch Joseph war sehr um die Besucher bemüht, gab Hilfestellung bei der Besichtigung der Sehenswürdigkeiten, beispielsweise durch Öffnung einer Seitentür in den Uffizien. Wie immer war Henriette sehr angetan von den zahllosen Sehenswürdigkeiten und Aussichten in Stadt und Umgebung. Sie schwelgte insbesondere in der großen Privatbibliothek und der Galerie im Palazzo Pitti, der *schönste[n] Galerie, die ich je sah.* Das Zusammentreffen mit anderen Fürstlichkeiten, so mit dem Fürsten Borghese, dem Herzog von Guastalla oder der Fürstin Stolberg-Gedern, rundete das florentinische Programm ab.

Am 12. Mai ging die Reise nach Pisa, wo man sich von Joseph praktisch bis zur Hochzeit verabschiedete, sowie ins Hôtel de Londres und zu den Seebädern in Livorno. Erst Mitte Juni wurde die Reise über Florenz, Bologna und Modena nach Parma fortgesetzt. In Parma speiste man bei der Herzogin Marie Luise und besuchte deren Theater. Marie Luise war nach der Trennung von Napoleon in das vom Wiener Geheimdienst überwachte Parma abgeschoben worden und führte hier die Regentschaft über ein kleines, aber feines oberitalienisches Herzogtum auf damals österreichischem Boden.

Am 22. Juni wurde Mailand besichtigt, bevor man sich nach Arona und Baveno am Lago Maggiore kutschieren ließ, um eine kleine Schiffsfahrt

zur Isola Bella zu unternehmen. Über Domodossola und den Simplon-
pass erreichte die Reisegruppe schließlich das schweizerische Brieg. Der
Weg zum Genfer See führte über das Rhonetal, Sion und St. Maurice. Am
29. Juni feierte man schließlich in Genf ein fröhliches Wiedersehen mit
Prinz Alexander, der bei der Gerlachschen Familie in Genf ein kleines
»Stübchen« bewohnte.[225] Einer Biographie des Predigers César Malan,
eines Vertreters der Genfer Erweckungsbewegung, lässt sich zudem entnehmen, dass Henriette und die Töchter mit dem Theologen am 30. Juni
zusammentrafen und dass gerade Marie Dorothee auch später in Ungarn
noch von ihm beeinflusst wurde.[226]

Die Kirchheimer Hochzeit von 1819

Als Henriette und ihr Gefolge im Juli 1819 in Kirchheim eintrafen, war
seit der Abreise fast ein ganzes Jahr vergangen. Kaum zu Hause, begannen die Vorbereitungen für die in Italien angebahnte Hochzeit der ältesten Tochter Marie Dorothee, die sich insgesamt wohl nicht so gut erholt
hatte wie Mutter Henriette.[227]

Schon im April hatte sich Metternich von Rom aus an den württembergischen Minister von Zeppelin gewandt, um bei König Wilhelm vor-
fühlen zu lassen, wie dieser zu einer Heirat steht.[228] Der König, dessen
Verhältnis zum mächtigen Metternich nicht spannungsfrei war, zeigte
sich ob einer solch günstigen Verbindung mit den Habsburgern sehr beeindruckt und willigte ebenso wie Kaiser Franz I. von Österreich und der
Papst in diese Verbindung ein. Letzterer natürlich nur, wenn sicherge-
stellt war, dass Kinder aus dieser Ehe katholisch erzogen werden – ein
schwerer Wermutstropfen für die protestantische Marie Dorothee, Titu-
laräbtissin des Stiftes Oberstenfeld, wie auch für Mutter Henriette, die
ihre Tochter jedoch in der Entscheidung für diese Ehe bestärkte, einer
Ehe mit einem nicht nur katholischen, sondern auch 21 Jahre älteren und
zweimal verwitweten Mann mit zweijährigen Zwillingen. Henriette hatte
ja auch einen 24 Jahre älteren und geschiedenen Prinzen mit einem fünf-
jährigen Kind geheiratet; die Tochter stand zudem auch vor einer exzel-
lenten Partie mit einem zuverlässigen Mann.

Im Rundsaal oder Achtecksaal (la grande salle à manger)
fand die Hochzeit von Erzherzog Joseph mit Herzogin Marie Dorothee statt

Wochenlang wurde über den Ehevertrag zwischen Wien und Stuttgart verhandelt. Vergleichbare Verträge wurden aus den Archiven geholt und ausgetauscht, beispielsweise jene der Ehe des Palatins Joseph mit der protestantischen Nichte Henriettes oder der ersten des österreichischen Kaisers mit der protestantischen Württembergerin Elisabeth, einer Schwester König Friedrichs. Mehrfach wurde der Vertrag auf höchsten Wunsch aus Stuttgart geändert.[229]

Das Ergebnis konnte sich für Marie Dorothee alles in allem sehen lassen: freie Religionsausübung für die Protestantin, Bestellung eines eigenen evangelischen Hofkaplans im Falle des Fehlens einer evangelischen Kirche, die übliche Mitgift von 33.000 fl. und eine angemessene Aussteuer, positive Regelungen für die eventuelle Witwenzeit samt Wunschberücksichtigung beim Witwensitz, Zuerkennung der Zinsen aus kaiserlich festgelegten 100.000 fl. und aus einer Morgengabe des Palatins Joseph von 50.000 fl., ein standesgemäßer Hofstaat und entsprechende Bedienung sowie ein frei verfügbares jährliches Hand- und Nadelgeld von 8.000 fl.[230]

Nachdem die Ehepaktverhandlungen im August abgeschlossen werden konnten, wurden die Hochzeitsfeierlichkeiten auf Dienstag, den 24. August 1819, im Kirchheimer Schloss festgelegt. Gegen 13 Uhr an diesem Tag zogen sich das Brautpaar, Mutter Henriette, der Vormund der noch nicht ganz volljährigen Braut, Obristhofmeister von Seckendorff, Geheimer Legationsrat von Hartmann und die beiden angereisten Minister von der Lühe und von Phull-Rippur in die *inneren Gemächer der Frau Herzogin* zurück, um den schon bei der Kirchheimer Hochzeit der Prinzessin Amalie beschriebenen Verzicht auf die Erb- und Nachfolge des Mannesstammes im Hause Württemberg feierlich zu beeiden.[231]

Gegen 14 Uhr begannen *im vorbereiteten Saal*[232] – und nicht, wie bisher angenommen, in der Schlosskapelle – die eigentlichen Trauungsfeierlichkeiten in Gegenwart des Königs, der Brautmutter, der oben genannten Staatsbeauftragten, aller Geschwister – auch der aus Hildburghausen angereisten Amalie samt Gemahl – und des versammelten kleinen Kirchheimer Hofstaates. Trauzeugen waren die beiden württembergischen

Minister und der österreichische Gesandte in Stuttgart, Graf von Trautmannsdorf.

Die hochrangige evangelisch-katholische Verbindung ließ denn auch zum damals noch allein gültigen kirchlichen Trauungsakt die höchsten Würdenträger beider Konfessionen im Kirchheimer Schloss erscheinen. Der spätere erste Rottenburger Diözesanbischof, Titularbischof und Staatsrat Keller, hielt eine Ansprache und vollzog die Trauung nach den Gebräuchen der katholischen Kirche, Oberhofprediger Prälat d'Autel, der frühere Konfirmationspfarrer Marie Dorothees, nach entsprechender Ansprache im protestantischen Ritus.[233]

König Wilhelm I. verließ nach dem anschließenden Hochzeitsessen die Stadt Kirchheim unter Teck. Die Frischvermählten blieben im Kirchheimer Schloss und verbrachten hier vermutlich auch ihre Hochzeitsnacht. Erst am nächsten oder übernächsten Tag begaben sich Marie Dorothee und Joseph sowie Henriette mit dem Hildburghausener Erbprinzenpaar zur großen Stuttgarter Hofgala: Gratulationscour im Marmorsaal des Neuen Schlosses mit Außenminister und versammeltem diplomatischen Korps und Hof, Cercle beim König, Konzert im Weißen Saal, Opernaufführung, Besuche in den Kunstsammlungen Boisserée und Dannecker, Kirchgang Josephs in die katholische Stuttgarter Eberhardskirche, Visite bei der Witwe Charlotte Mathilde im Schloss Ludwigsburg – ein anstrengendes Programm, bevor nach einigen Kirchheimer Erholungstagen am 1. September von Württemberg Abschied genommen wurde. Nach einem Abstecher zur vormaligen Schwiegermutter Josephs und Tante Marie Dorothees auf Schloss Schaumburg an der Lahn begab man sich über Nürnberg an den Wiener Hof, um schließlich am 17. Oktober 1819 die Budapester, damals Ofener »Burg«, das neue Zuhause zu erreichen.

Henriette, die nun ihr zweites Kind in die Fremde gegeben hatte, waren die zurückliegenden turbulenten und emotional bewegenden Tage zu viel geworden, sie lag bereits am 7. September mit einer ernstlichen Gallenkrankheit danieder.[234] Hinzu kam, dass Tochter Amalie hochschwanger war und eine Rückreise mit der Kutsche als zu riskant angesehen wurde. So oblag der Kirchheimer Schlossherrin auch noch die Fürsorge für Amalie, die am 24. November glücklich Henriettes zweite Enkeltochter zur Welt brachte, eine der ganz wenigen Geburten im Kirchheimer Schloss. Am 4. Dezember 1819 wurde das Neugeborene vom Kirchheimer Dekan Dr. Bahnmaier auf den Namen der Tante und Patin Pauline, der drittältesten Tochter Henriettes, getauft.[235]

Königinmutter

Pauline war es auch, die ihre Mutter in den nächsten Monaten in Bewegung und durchaus positiver Anspannung hielt. Der verwitwete König mit seinen drei- bzw. nicht ganz eineinhalbjährigen Töchtern Marie und Sophie hielt Ausschau nach einer neuen Gemahlin. Ursprünglich nicht mehr heiratswillig, scheinen ihn die Exponenten der Landstände und wohl auch das Konsistorium auf das Fehlen eines geeigneten Thronfolgers hingewiesen und von der Notwendigkeit einer Wiederverheiratung überzeugt zu haben. Sein Auge fiel auf die als bildschön geltende 19-jährige Pauline, die seiner verstorbenen Frau Katharina äußerlich sehr ähnelte. Ob er bereits bei der Kirchheimer Hochzeit vom August 1819 einer Verbindung mit der Cousine innerlich näher trat, wissen wir nicht, da der König das Trauerjahr durchaus ernst nahm und zu jener Zeit ihn auch Sorgen um das rechtzeitige Zustandekommen der von den Karlsbader Beschlüssen bedrohten neuen Verfassung belasteten. Doch im Dezember 1819 gab es Hinweise darauf, dass der König oft nach Kirchheim fuhr, um seine Cousine zu sehen, die ihn in den kommenden Monaten dann auch öfters in Boll besuchte. Wenige Wochen nach Ablauf des Trauerjahres erfolgte der offizielle Anwerbungsakt. Herzogin Henriette, Prinzessin Pauline und Herzog Heinrich, Onkel und späterer Trauzeuge, wurden um Zustimmung gebeten. Sodann wurde Pauline im Audienz-Zimmer des Neuen Schlosses förmlich die Ehe angetragen und ein Bildnis des Königs überreicht und Henriette gebeten, die Tochter nun als königliche Verlobte anzuerkennen.[236]

In Kirchheim freute man sich riesig. Am 13. April veranstaltete die Schützengesellschaft ein Freischießen und zog mit Musik und Fahnen an der von der Schlossterrasse herab grüßenden Herzogsfamilie vorbei. Am 14. April fand in der Martinskirche um 9 Uhr ein Festgottesdienst mit Ansprache von Dekan Bahnmaier statt. Als sich gegen 15 Uhr die Braut vom Schloss verabschiedete und mit ihrer Mutter die Kutsche nach Stuttgart bestieg, da war der Weg bis zum eigens errichteten Ehrentempel beim damaligen Hotel Post von angeblich 700 Schulkindern und vielen gerührten Schaulustigen gesäumt. Nachdem die Zünfte mit Musik und Gesangbegleitung vorbeigezogen waren, wurden die hohen Herrschaften am Ehrentempel von den Honoratioren aus Stadt und Amt unter Überreichung eines Gedichts zu Ehren der Paulina und umgeben von 24 weiß gekleideten jungen Mädchen mit Blumenkörben verabschiedet. Bis über die Plochinger Steige hinaus stand die Bürgerschaft Spalier und waren Ehrensäulen und Rauchaltäre aufgestellt. An der Oberamtsgrenze erflehte der Dekan nochmals Heil und Segen auf das Haupt der Prinzessin. Als man über Wernau und Plochingen nach Esslingen kam, wurde auch dort ein triumphaler Empfang bereitet mit Trompetenschall, Glockenklang und sogar Geschützdonner.

Am 15. April 1820, 12 Uhr, traute Oberhofprediger Prälat d'Autel König Wilhelm I. und seine Cousine in der großen Galerie neben dem Weißen Saal des Neuen Schlosses zu Stuttgart. Wiederum war zuvor ein Ehevertrag ausgehandelt worden, und nachher fanden allerhand Gratulationscouren, Bälle und Theaterveranstaltungen statt.[237] Alles in allem für Mutter Henriette eine glückliche und erfolgreiche, wenn auch strapaziöse Zeit, zumal kurz vor der Hochzeit am 2. April in der Kirchheimer Martinskirche noch die Konfirmation ihrer beiden jüngsten Kinder Elisabeth und Alexander in Anwesenheit einer Deputation des königlichen Konsistoriums stattgefunden hatte. Wie ernst und gewissenhaft vor allem Elisabeth die Vorbereitung auf ihre Konfirmation nahm, zeigen mehrere selbst geschriebene Heftchen zum Konfirmanden-Unterricht der Prinzessin.[238]

Die 1820er Jahre

Zunächst einmal trieb Henriette die Sorge um, wie man Bildung und Reifung des 16-jährigen Sohnes Alexander voranbringen könnte, da dessen Jahr in Genf 1818/19 Mutter und Erzieher wohl nicht ganz befriedigte. Im April 1820 wurde in Tübingen ein zum Kirchengut gehörendes Haus ausfindig gemacht, das bisher vom 3. Professor der evangelischen Theologie bewohnt war. Seit 2. Juni logierte Alexander hier mit seinem Erzieher Hoffmann und den beiden 16 bzw. 18 Jahre alten Studenten Josef und Karl von Linden, die auch in Kirchheim schon Spielgefährten des Prinzen waren.

Da der König nach dem Hausgesetz die Erziehung der Prinzen des königlichen Hauses leitete und dafür auch eine Sonderzuweisung gewährte, musste der Erzieher vom König gebilligt werden, und dieser hatte dann auch zu berichten. Das war schon von Genf aus der Fall gewesen und erst recht nun aus Tübingen. Insoweit sind wir über den Stundenplan und den Charakter des Zöglings gut unterrichtet.[239]

So lesen wir beispielsweise noch 1820, dass Alexander zwar gutmütig und anspruchslos, die Denkkraft nicht sehr stark entwickelt und der Wille zu schlaff sei. Als Student könne er sich noch nicht betrachten, auch wenn er es gerne möchte. Noch drei Jahre später finden wir wahrlich keine überwältigenden Beurteilungen: mehr Anstrengungen wären überall anzuraten; die Konzentration, das systematische Arbeiten, die Selbständigkeit, die eigene Meinung, der *Geist nach wissenschaftlichem Sinn*, aber auch die physische Entwicklung lassen zu wünschen übrig. Und dann fügt Hoffmann, der seit 1820 den Professorentitel führte, noch hinzu: *Ich kann mir denken, dass er seine Schuldigkeit als Krieger thun wird und kameradschaftlicher Aufopferung fähig ist.*[240]

Das sind keine schmeichelhaften Beurteilungen für einen Prinzen, der seit 1822 auf dem Tübinger Schloss Wohnung bezogen hatte und nun auch von namhaften Professoren der Universität unterrichtet wurde und der in der Thronfolge an vierter Stelle, nach der Geburt des Kronprinzen 1823 an fünfter Stelle stand. Henriette dürfte dies als nicht besonders angenehm empfunden haben, obwohl sie mit dem meist extern untergebrachten Sohn nicht mehr ständig zusammenlebte. Nach dem Ende seiner Tübinger Studien scheint Alexander entweder bei militärischen Dienststellen oder seit November 1824 im Neuen Corps de Logis des Ludwigsburger Schlosses untergebracht gewesen zu sein.[241]

Nachdem Alexander von König Wilhelm I., seinem Vetter und Schwager, im Dezember 1823 zum Rittmeister 2. Klasse bei der Leibgarde ernannt worden war, begann die damals für Prinzen übliche und vom Erzieher ja auch empfohlene militärische Laufbahn, die ihn 1828 zum 3. Reiterregiment in die Garnison Esslingen führte und 1831 noch ganz kurz als Oberstleutnant zum 2. Regiment.[242]

Als Alexander nach dem Hausgesetz 1826 mit 22 Jahren für volljährig erklärt und Mitglied der Kammer der Standesherrn im Landtag auf Lebenszeit wurde sowie 8.000 fl. Apanage und zusätzlich zehn freie Pferderationen sowie aus dem Testament seines Großvaters Friedrich Eugen ungefähr 2.000 fl. so genannte Donativgelder jährlich zugesprochen bekam, hatte Mutter Henriette wieder ein Kind in die Selbständigkeit entlassen.[243]

Kaum war die Hochzeit von Königin Pauline vorbei, erwachte bei Henriette wieder die Reiselust, zumeist in Verbindung mit einer Reihe von Enkelgeburten. Im Juni 1820 traf sie in Begleitung ihrer jüngsten Tochter Elisabeth und vermutlich von Generalmajor von Mylius in der ungarischen Metropole ein, um Marie Dorothee bei der Geburt des ersten Kindes beizustehen. Die am 1. August geborene Elisabeth starb jedoch bereits nach drei Wochen, sodass Henriette und die Namengeberin Elisabeth betrübt nach Hause reisten; sie wurden von Prinz Alexander und seinem Erzieher Hoffmann in Salzburg abgeholt.[244]

Außer vielen regulären Besuchen kam Henriette in den zwanziger Jahren dreimal wegen einer Niederkunft der Königin Pauline nach Stuttgart: im August 1821 kam Katharina zur Welt, im März 1823 endlich der ersehnte Kronprinz und Thronfolger Karl, den Henriette von einem Fenster des Neuen Schlosses stolz der Stuttgarter Öffentlichkeit zeigte[245], und schließlich im Oktober 1826 das letzte Königskind Auguste.

Zur dritten Niederkunft der Tochter Amalie in Hildburghausen fanden sich im Oktober 1823 nicht nur Henriette und Elisabeth, sondern auch der unter dem Namen Graf von Teck reisende Prinz Alexander samt Professor Hoffmann ein.[246] In Hildburghausen lagen in diesen Jahren Freud und Leid nahe beieinander: Ein gutes Jahr nach der Geburt von Enkelin Therese starb die im Kirchheimer Schloss geborene fünfjährige Prinzessin Pauline; bereits im März 1826 aber freute man sich über das nächste Töchterlein Elisabeth.[247] Wenig später hieß es für die Herzogsfamilie und damit auch für Amalie für immer Abschied vom Schloss Hildburghausen und vom Erbprinzlichen Palais zu nehmen, da mit dem Tod des erbenlosen Herzogs von Sachsen-Gotha-Altenburg im Jahre 1825 eine Neueinteilung der ernestinischen Herzogtümer notwendig geworden war und Hildburghausen zu Sachsen-Meiningen kam. Als Ausgleich erhielten die bisherigen Hildburghausener das Herzogtum Sachsen-Altenburg mit Hauptresidenz im alten wettinischen Schloss Altenburg.[248]

Im Sommer 1825 reiste Henriette in Begleitung von Elisabeth und Oberst von Sontheim erneut nach Ofen (Budapest), um Marie Dorothee bei einer weiteren Geburt mit hoffentlich glücklicherem Ausgang beizustehen. Das neugeborene Knäblein, der zweite Enkelsohn, erhielt den Namen von Henriettes Sohn Alexander.[249]

Belegt ist auch eine mehrwöchige Erholungsreise Henriettes zusammen mit Elisabeth im Sommer 1823 nach Gais im Schweizer Kanton Appenzell-Außerrhoden. Henriette reiste unter dem Titel einer Gräfin von Heidenheim in diesen über 900 Meter hoch gelegenen klimatischen Molkekurort mit trockener, reiner und stärkender Luft. Bemerkenswert ist, dass wenig später im 1823–25 renovierten, von Henriette und der königlichen Familie sehr geschätzten Bad Boll ein gemütliches Schweizerhaus mit benachbarter Sennhütte für Molkekuren und einem Appenzeller Senner angeboten wurde.[250]

Man darf jedoch ob dieser Reisetätigkeit der Herzogin nicht annehmen, dass der große Wohlstand ausgebrochen wäre. Es gab immer noch Altlasten abzutragen, Forderungen von Gläubigern, darunter auch die württembergische Staatskasse und die Oberhofkasse, die 1823 immerhin noch auf 13.795 fl. Restzahlung warteten.[251] Besonders flüssig kann Henriette auch 1828 nicht gewesen sein, da sie einen neuen Stadt- und Reisewagen benötigte, der unter Vermittlung von Marie Dorothee in Wien vom württembergischen Gesandten von Zeppelin für 1.650 fl. gebraucht erstanden und zunächst aus dem Privatvermögen König Wilhelms und dann der Königin Pauline bezahlt wurde.[252]

Da konnte man nur von Glück sagen, dass die zwischen 1822 und 1830 am Schloss Kirchheim notwendigen Baumaßnahmen in Höhe von rund 10.000 fl. von der Staatskasse zu tragen waren. Zu den damaligen baulichen Veränderungen gehörten 1825 vor allem die Neuaufführung der so genannten Sindlinger Zimmer, der Übergangszimmer zur Schlossterrasse, und das Zumauern der Holzlege am nördlichen Schlosshof einschließlich entsprechender Fenster- und Türeneinbauten. Die in der späteren Henriettenzeit kaum mehr veränderte äußere Ansicht des Schlosses wie auch die Möblierung der Beletage-Zimmer hat der deutsch-holländische Künstler Pieter Francis Peters als württembergischer Hofmaler Anfang der 1850er Jahre fast schon fotografisch in einer ansehnlichen Reihe von Bildern festgehalten.[253]

In diese Zeit der 1820er Jahre fällt schließlich auch die Sorge um das Königspaar in Stuttgart – beide waren 1828 an Masern erkrankt, der König sogar zeitweise besorgniserregend.[254] Aber auch der Tod der Königinwitwe Charlotte Mathilde in Ludwigsburg im Oktober 1828 und der so geschätzten Zarenmutter Maria Feodorowna in St. Petersburg im November stimmten Henriette sehr traurig, da diese an den Kirchheimer Verwandten stets lebhaftes und freudiges Interesse gezeigt hatten.[255]

Eine badisch-württembergische Heirat

Im April 1829 wurde Prinzessin Elisabeth vom König zur Äbtissin des adeligen Fräuleinstifts Oberstenfeld ernannt[256], ein Amt, das früher ihre Schwester Marie innegehabt hatte. Mangels Residenzpflicht im Stift blieb die 27-jährige jedoch bei der Mutter im Kirchheimer Schloss wohnen. Vermutlich spürte Henriette aber doch langsam die Notwendigkeit, auch ihre jüngste Tochter unter die Haube zu bringen.

Im Jahre 1830 lernte Elisabeth den zehn Jahre älteren, gestandenen und noch ledigen Markgrafen Wilhelm von Baden mit dem schönen Zusatztitel eines Herzogs von Zähringen kennen. Vermutlich begegneten sich die beiden erstmals am 25. Mai 1830 bei einem Empfang im Stuttgarter Neuen Schloss. Der erst seit dem 30. März regierende Großherzog Leopold von Baden machte mit Frau und seinen beiden Brüdern, den Markgrafen Wilhelm und Maximilian, einen offiziellen Antrittsbesuch bei König Wilhelm I. und Königin Pauline, der Schwester Elisabeths.[257] Eingeladen war mit Sicherheit auch die Königinmutter Henriette, die seit geraumer Zeit im Stuttgarter Königsschloss ein Appartement in direkter Nähe ihrer Tochter Pauline und ihrer drei Stuttgarter Enkel benutzen konnte.[258] Und sie brachte zu diesem Empfang wohl auch ihre unverheiratete jüngste Tochter mit. Fest steht, dass Prinzessin Elisabeth und Markgraf Wilhelm wenige Monate später in der seit 1824 eingerichteten Sommerresidenz des württembergischen Königspaars in Friedrichshafen am Bodensee eintrafen und bereits am 8. August 1830 ihre am Vortag erfolgte Verlobung bekannt gaben.[259]

Mit Einwilligung des württembergischen Königs und des badischen Großherzogs sowie der Brautmutter Henriette fand am 16. Oktober 1830 im Stuttgarter Neuen Schloss die glanzvolle Hochzeit vor versammeltem Hof, den höchsten Chargen des Staates, den badischen Gästen und dem diplomatischen Corps statt. Ausgehend von den Hochzeiten der Henriettenkinder Amalie und Marie Dorothee hätte man eigentlich Kirchheim als Trauungsort annehmen dürfen. Wahrscheinlich hatten aber Erfahrungswerte mit den relativ beengten und bescheidenen Kirchheimer Verhältnissen und die enge verwandtschaftliche Verbindung mit den Stuttgarter Majestäten zur Trauung in der Residenz geführt.

Der Hofzeremonienmeister hatte denn auch alle Hände voll zu tun, die vielen Plätze anzuweisen und den Hochzeitszug von einem Zimmer der Königin Pauline bis in den Marmorsaal bei Glockengeläut der Stifts- und Hofkirche zu arrangieren. Oberhofprediger Prälat d'Autel, den man seit bald zwei Jahrzehnten bei solchen Anlässen immer wieder antrifft,

Herzogin Henriette zwischen 1825 und 1830

ließ nach einer Ansprache die Brautleute um 3 Uhr nachmittags zur evangelischen Trauung, zur Einsegnung und zum Ringwechsel an den an der Fensterfront zum Schlosshof errichteten Altar treten. Im Anschluss daran nahm das Brautpaar in diversen ausgesuchten Zimmern des Schlosses die Glückwünsche entgegen, begab sich zur Tafel und abends zum Ball in den kleinen Marmorsaal. Opernveranstaltungen mit freiem Eintritt und ein Ball im Redoutensal rundeten das Festprogramm an den folgenden Tagen ab.[260]

Markgraf Wilhelm, ein kampferprobter Militär aus dem napoleonischen Russlandfeldzug und den Befreiungskriegen – mittlerweile kommandierender General des badischen Armeekorps und Präsident der Ersten Kammer des badischen Landtags – war für Elisabeth zweifellos eine gute Partie, hatte er doch ansehnliches Vermögen, eine ordentliche jährliche Apanage von 50.000 fl. und eben die engste Verbindung zum großherzoglichen Bruder.[261] Der Markgraf seinerseits hatte in Elisabeth eine Frau gefunden, die wirklich reif war für eine gute Ehe, gut erzogen, fest im christlich-evangelischen Glauben verankert und mit den karitativen Eigenschaften ihrer Kirchheimer Mutter versehen. Und als Angehörige des königlichen Hauses war sie auch nicht gerade mit einer ärmlichen Mitgift ausgestattet. Wichtig war vor allem, dass die Ehe – im Unterschied etwa zur Ehe des Königs von Württemberg mit Elisabeths Schwester Pauline – zeitlebens glücklich war.

Herzogin Henriette war denn auch froh, ihre Tochter im Markgrafenpalais in Karlsruhe glücklich und gut versorgt zu wissen. Ihrem Schwiegersohn, den sie sehr schätzte, war sie eine liebe Mutter.[262] Das nach außen verborgene schlechte Verhältnis zwischen dem König und Tochter Pauline[263] indessen schmerzte, und die erwähnten Todesfälle bei den Enkelkindern gingen ihr sehr nahe.

Großmutter und Urgroßmutter

Nachdem nun alle vier Töchter verheiratet waren, kehrte etwas Ruhe in das bisweilen aufreibende Leben der Herzogin. Bedeutende und große Ereignisse hat es kaum mehr gegeben. 1834 wurde der Schwiegersohn

Joseph in Altenburg nach dem Tod seines Vaters regierender Herzog des kleinen thüringischen Landes und Amalie an seiner Seite Landesmutter. 1841 feierte König Wilhelm I. unter großen Dankesbezeugungen des Volkes sein 25-jähriges Regierungsjubiläum. Aber bereits 1847 plagten eine neuerliche Hungersnot und die zunehmende Verarmung der Bevölkerung das Land.

Die Revolution von 1848/49 brachte erhebliche Unruhe in das Volk und die Throne kurzzeitig ins Wanken. Henriette zeigte sich äußerst bestürzt, zumal ihre Familienangehörigen und Verwandten davon betroffen waren: Schwiegersohn Joseph in Altenburg resignierte nach Unruhen am 30. November 1848 zugunsten seines Bruders; seine Gemahlin Amalie, der eine Mitschuld an der Missstimmung im Land gegeben wurde, die aber auch mit manchen wohltätigen Einrichtungen wie beispielsweise der Amalienschule bis in unsere Zeit dort in Erinnerung blieb, war kurz vorher erkrankt und am 28. November verstorben.[264] Der badische Schwiegersohn Wilhelm in Karlsruhe kam als Oberbefehlshaber der badischen Armee erheblich in die Schusslinie der Revolutionäre und gab im April 1848 seinen Oberbefehl ab, um dann nach der Flucht des brüderlichen Großherzogs im Mai 1849 nach Kirchheim unter Teck in das noch relativ sichere Schloss der Schwiegermutter Henriette zu fliehen.[265] Und der württembergische Schwiegersohn Wilhelm begab sich in den unruhigen 1849er Monaten in die militärisch wohl sicherere Nebenresidenz Ludwigsburg, zeitweise durchaus mit Abdankungs- und Ausreisegedanken, während Königin Pauline inkognito nach Bad Kissingen zur Kur geschickt wurde.[266] Durch die Unruhen in Wien und Budapest, die Kaiser Ferdinand zur Abdankung und Metternich zur Flucht nach London nötigten, musste auch der Stiefenkel Stephan auf das erst 1847 in Nachfolge seines verstorbenen Vaters erhaltene ungarische Palatinat verzichten und aus Budapest fliehen, um sich für den Rest seines noch langen Lebens auf das von seiner leiblichen Mutter ererbte Schloss Schaumburg in Nassau zurückzuziehen. Und im nassauischen Wiesbaden fühlte sich ihr Großneffe Adolph, der spätere erste Großherzog von Luxemburg, zeitweise seines Lebens nicht mehr sicher.[267] Dies waren für Henriette alles andere als glückliche Zeiten, und ihre Gesundheit war im Verlauf der Jahre nicht besser geworden. Bereits 1835, also mit 55 Jahren, hatte sie einen leichten Schlaganfall erlitten und wurde auch zunehmend fülliger. Nachdem sich ihr langjähriger Leibarzt Hofrat Dr. Kallin zur Ruhe gesetzt hatte, betreuten sie die Kirchheimer Oberamtsärzte Dr. Abele und von 1841 an bis zu ihrem Tod Dr. Gottlieb Christian Friedrich von Hauff. Letzterer begleitete sie ein Mal nach Wien und teilweise auch auf ihren Kurreisen, die sie seit Ende der dreißiger Jahre unter anderem nach Wildbad Kreuth, Meran, Karlsbad, Interlaken und Bad Boll unternahm.[268]

Reisen nach Stuttgart und Karlsruhe waren in den 30er Jahren durchaus noch üblich, längere Reisen nach Wien, Pressburg und Budapest fanden 1831 und 1833 zusammen mit Hofdame Alexandrine des Echerolles sowie mit Dr. von Hauff nach Wien sogar noch 1847 statt. Anlässe dieser Reisen waren Marie Dorothees Entbindungen einer weiteren Elisabeth und eines Joseph sowie im August 1847 ein Familientreffen im Wiener Augartenpalais, dem frisch bezogenen Witwensitz von Marie Dorothee, die im Januar ihren Gemahl Joseph verloren hatte. Außerdem stand die Hochzeit von Marie Dorothees Tochter Elisabeth mit Herzog Ferdinand von Modena-Este bevor. Wie wir Jugendbriefen des 1848 an die Regierung gelangten Kaisers Franz Joseph entnehmen können, verkehrte dieser damals gern bei seiner *Tante Palatinus* (Marie Dorothee) und war auch mit Henriette bekannt.[269]

Die erwähnte Reise von 1831 hatte aber noch einen anderen Grund: Henriette begleitete ihren einzigen Sohn Alexander zu seinem Eintritt ins österreichische Militär. Kaiser Franz und Staatskanzler Metternich hatten dem Antrag des hochadeligen württembergischen Offiziers im Rang eines Oberstleutnants gerne stattgegeben und ihn im gleichen Rang aufgenommen. Nach Vorbild des verstorbenen Vaters Louis und des wesentlich älteren Stiefbruders Adam war Alexander Kavallerieoffizier geworden und diente sich dann im kaiserlichen und königlichen Heer nach oben: 1833 mit 29 Jahren Oberst und Kommandeur des Erzherzog-Joseph-Husarenregiments Nr. 2, 1845 Generalmajor und Brigadier im steirischen Graz, 1848 Feldmarschall-Lieutenant (Generalleutnant) und Divisionschef, dann im Generalstab Radetzkys in Oberitalien, 1850 Inhaber des 11. Husarenregiments, 1859 Kommandeur des 16. k. u. k. Armeekorps im italienischen Einigungskrieg und 1860 Eintritt in den Ruhestand als General der Kavallerie.[270]

Freude und Sorge zugleich bereitete Alexander seiner Mutter in den 1830er Jahren. Als junger und schneidiger Oberst lernte er – wahrscheinlich durch Vermittlung seiner Schwester, der Erzherzogin Marie Dorothee – bei einem Hofball in Wien die schöne Claudine, Tochter des begüterten ungarischen Grafen Ladislaus Rhédey kennen und heiratete sie am 2. Mai 1835 im evangelischen Bethaus zu Wien. Die Liebe zu Claudine war so groß, dass er sich über das württembergische Hausgesetz hinwegsetzte. Obschon die Rhédey-Familie zum ungarischen Hochadel gehörte, war sie doch kein souveränes, regierendes Haus und damit nicht ebenbürtig. Die Folgen dieser so genannten morganatischen Ehe lagen klar auf der Hand: Verlust der württembergischen Herzogswürde für die Kinder und die Gemahlin. Der österreichische Kaiser Ferdinand erkannte die Misere und verlieh Claudine wenigstens den Titel einer Gräfin von Hohenstein, worin der verstorbene Landeshistoriker Decker-Hauff auch eine Anspielung auf den Kirchheimer Hausberg, die Teck, gesehen haben will.[271]

Der Titelanspruch sollte auch für Kinder aus dieser Ehe gelten – und die wurden in rascher Folge geboren: 1836 Claudine im steirischen Bad Radkersburg, 1837 Franz und 1838 Amalie, beide im slawonischen Esseg (Osijek). Ein viertes Kind war 1841 unterwegs, als das noch junge Ehe- und Familienglück tragisch endete. Die 29-jährige schwangere Mutter von drei kleinen Kindern starb in Pettau (Ptuj) in Slowenien. Die reitbegeisterte Claudine hatte mit ihrem Pferd einer Truppenübung ihres Mannes beigewohnt, als das Tier plötzlich scheute und sie vor eine herangaloppierende Schwadron warf. Ein Todesfall, der alle Hofkreise und Angehörigen zutiefst erschütterte, nicht zuletzt die Schwiegermutter, Mutter und Großmutter Henriette.[272]

Da es bei der jung verheirateten Elisabeth in Karlsruhe zwischen 1830 und 1837 vier weitere Geburten gab, dazu drei weitere in Altenburg und Budapest, erlebte die Kirchheimer Herzogin in den 1830er Jahren immerhin elf Geburten von Enkeln und Enkelinnen, sodass sie bis 1838 21-mal Großmutter wurde. Hinzu kamen ein Stiefenkel und drei Stiefenkelinnen. Sechs Enkelkinder starben entweder gleich nach der Geburt oder in früher Kindheit und Jugend. 1855 hatte sie den Verlust ihrer Ältesten, der Erzherzogin Marie Dorothee, zu beklagen. Bescheiden bedankt sie sich am 9. Mai 1855 im Kirchheimer »Amts- und Intelligenzblatt« für die vielfache Kondolenz: *Es seye mir erlaubt auch hier, die meiner tiefgefühlten Erkenntlichkeit zu versichern, die mir bei dem schweren Verlust, den ich am Liebsten, das ein Mutterherz besitzen kann, erlitt, ihre Theilnahme erwiesen.*

Anlass zur Freude gab es bei ihren Stiefenkelinnen Marie und Sophie, den beiden Stuttgarter Königstöchtern aus der Ehe Wilhelms mit Katharina: Sophie heiratete 1839 den niederländischen Erbprinzen und späteren König, Marie 1840 den Grafen Alfred von Neipperg. Damit konnte das manchmal schwierige Verhältnis zu Königin Pauline, deren Stiefmutter, weitgehend bereinigt werden.[273]

Henriette konnte sich nicht nur einer großen Enkelschar erfreuen, 1845, also mit 65 Jahren, beginnt ihre Urgroßmutterzeit. Ihre älteste Enkelin Marie machte sie nach der Heirat mit dem hannoverschen Kronprinzen zum ersten Mal durch die Geburt des Stammhalters Ernst August von Cumberland zur Urgroßmutter. Fünfzehn Urenkelgeburten erlebte sie, mehr als vierzig sind es schließlich geworden.[274]

Gäste im Kirchheimer Schloss

Fünf eigene Kinder, ein Stiefsohn und ein illegitimer Sohn ihres verstorbenen Mannes, fast zwanzig Enkel und seit 1845 eine zunehmende Zahl an Urenkeln einerseits und eine älter werdende, nicht mehr so reiselustige und -tüchtige Henriette andererseits waren die Ursache dafür, dass Zeitungen wie der »Schwäbische Merkur«, das Kirchheimer »Amts- und Intelligenzblatt« oder auch die »Württembergischen Jahrbücher« immer wieder von Verwandtenbesuchen im Kirchheimer Schloss berichten konnten. Auch Marie Dorothee und Alexander samt Familienanhang nahmen manches Mal die weite Reise aus Ungarn, Wien oder der Steiermark auf sich, um sich bei der geliebten Mutter und Großmutter im Herzen des Schwabenlandes einzufinden. Vor allem die Enkel begaben sich gern in die unmittelbare Nähe der Großmutter, die für Jung und Alt stets aufmunternden Zuspruch hatte. War kein Besuch im Haus, hielt die alte Dame den Kontakt zur Familie und zu vielen anderen Verwandten und Bekannten mit einem regen Briefwechsel aufrecht. Henriette schrieb angeblich jährlich 1200 bis 1500 Briefe.[275]

In den fünfziger Jahren, den letzten Lebensjahren der Herzogin, sind es vor allem die Besuche des Königs von Hannover, des Großherzogs von Oldenburg und der russischen Zarin Alexandra, die Eingang in die Chronik gefunden haben.

Der fast erblindete König Georg V. von Hannover, der 1851 seinem Vater Ernst August nachfolgte, war mit der altenburgischen Prinzessin Marie, der ersten und Lieblingsenkelin Henriettes, ihrem *fünfblättrigen Kleeblatt*[276], verheiratet. Die Königsfamilie kam im Oktober 1852 und nochmals im Oktober 1855 zu Besuch ins Kirchheimer Schloss und wurde von der Bevölkerung schon an der Stadtgrenze freudig begrüßt und später verabschiedet, auch mit Grußgedichten auf der Titelseite der örtlichen Zeitung. Es bestand reichlich Grund zum Dank, da der König jedes Mal auch namhafte Spenden hinterließ und 1855 die bis ins 20. Jahrhundert bestehende Elisabeth-Stiftung ins Leben gerufen hatte. Mit Mitteln aus dieser Stiftung sollten jungverheiratete Frauen mit mindestens zehnjähriger Dienstzeit und guter Bewährung im Haushalt von ein oder zwei Dienstherrschaften des Oberamtsbezirks einmalig unterstützt werden. Anlass für die Gründung dieser den Namen der Tochter Henriettes tragenden Stiftung war die in Kirchheim begangene Silberhochzeit des badischen Markgrafenpaares Wilhelm und Elisabeth.[277]

Auch der Besuch der Oldenburger im Oktober 1853 ist durch die Heirat einer altenburgischen Prinzessin, Elisabeth, mit dem Großherzog Peter von Oldenburg zustande gekommen, die wie ihre Schwester Marie die Großmutter wieder oder noch einmal sehen und gleichzeitig ihren Mann vorstellen wollte, zumal Henriette in diesem Jahr erneut einen Schlaganfall erlitten hatte, der den Leibarzt veranlasste, sogar dem in Baden bei Wien kurenden König Wilhelm ein Telegramm über die Ernsthaftigkeit der Lage zu senden.[278]

Wenige Wochen vor ihrem Tod am 18. Oktober 1856 erhielt Henriette den Besuch der russischen Zarenwitwe Alexandra, die mit ihrer Tochter Olga und deren Mann Kronprinz Karl sowie mit Königin Pauline festlich in Kirchheim empfangen wurden, wobei die Straßen mit Lampions des königlichen Hoflieferanten Carl Riethmüller neuartig illuminiert waren.[279]

Keine Notiz genommen hat die Öffentlichkeit, als 1852 der Enkel des langjährigen herzoglichen Geschäftsführers Mutschler, seines Zeichens Pfarrer und Hofmeister der beiden jungen Grafen Zeppelin, mit dem 14-jährigen Ferdinand von Zeppelin bei der Herzogin zum Kaffee weilte. Henriette kannte aus ihrer Ludwigsburger und Stuttgarter Zeit die Familie des jungen Grafen und war auch Taufpatin seines Onkels Wilhelm. Niemand hätte damals gedacht, dass die weltberühmte Konstruktion des jungen Grafen 1932 über Schloss und Stadt Kirchheim schweben würde.[280]

WOHLTÄTIGES WIRKEN

Henriettes Frömmigkeit

Henriette gehörte seit ihrer Taufe dem evangelisch-reformierten Bekenntnis an und wurde von ihrer Mutter zu Gottesfurcht und Frömmigkeit angehalten. Bereits bei der Bayreuther Hochzeit mit dem lutherischen württembergischen Herzog Ludwig musste sie jedoch Zugeständnisse machen und versprechen, ihre Kinder lutherisch zu erziehen. Der Bräutigam seinerseits musste damals zusichern, die Braut in der Ausübung ihres reformierten Bekenntnisses zu unterstützen.[281] Die junge Fürstin scheint das lutherische Bekenntnis nicht abgelehnt und eine tolerante Haltung eingenommen zu haben. Wie wäre es sonst zu erklären, dass sie im Jahre 1807 in Ludwigsburg eine katholische Erzieherin – die schon erwähnte Französin Alexandrine des Echerolles – für ihre Töchter einstellte und diese von 1816 bis 1850 auch als geschätzte Hofdame bei sich beschäftigte oder die katholischen Gebrüder von Linden im Kirchheimer Schloss gerne als Spielgefährten Alexanders sah. Die formale Konfessionszugehörigkeit war ihr wohl nicht so wichtig, zumal ihr manche Zwänge der Staatsräson und gelegentlich auch des persönlichen Glücks nicht unbekannt waren: Ihre hochgeschätzte Nichte Katharina musste den katholischen Napoleonbruder Jérôme heiraten, weil es die hohe Politik so wollte; ihre reformierte Nichte Henriette aus Nassau-Weilburg heiratete den katholischen österreichischen Erzherzog Karl, den europaweit bekannten Napoleonbezwinger aus der Schlacht von Aspern; eine andere Nichte Hermine war ebenfalls mit einem österreichischen Erzherzog vermählt; ihre eigene Tochter Marie Dorothee, lutherisch konfirmiert und Äbtissin des evangelischen Damenstifts Oberstenfeld heiratete mit Henriettes Segen eben diesen verwitweten österreichischen Erzherzog Joseph aus der erzkatholischen Kaiserfamilie.

Henriette verkehrte bei ihrer Italienreise wie selbstverständlich mit reformierten Predigern in Genf und ohne jegliche Unterwürfigkeit mit dem Papst und römischen Kardinälen; sie war begeistert von den römischen und italienischen Kirchen katholischer Prägung; aber sie ließ auch als lokales Novum in ihren römischen Gemächern eine evangelische Feierstunde halten.

Sie hätte im Kirchheimer Schloss zweifellos katholische Geistliche als Gesprächspartner gehabt, nur gab es in dieser nahezu ausschließlich protestantischen Stadt zu ihren Lebzeiten keine katholische Pfarrgemeinde mit Priestern.[282]

Wenngleich das Königreich Württemberg im Zuge der »napoleonischen Flurbereinigung« mit den Neuwürttembergern eine große Zahl Katholiken zu integrieren hatte und sich zweifellos auch darum bemühte, war das königliche Haus – auch nach den Hausgesetzen von 1808 und 1828 – eindeutig auf die evangelisch-lutherische Konfession ausgerichtet. Und so ist es auch aus diesem Blickwinkel verständlich, dass Henriette nicht als Reformierte in Erscheinung treten wollte, waren sie und ihre Familie vor allem in den schwierigen ersten Kirchheimer Jahren doch sehr stark vom Wohlwollen des Stuttgarter Regenten abhängig.

Die Beschäftigung mit religiösen Fragen wurde bei Henriette zweifellos – wie bei vielen Familien – durch die Heranführung der eigenen Kinder an den Glauben angeregt, zumal sie nach dem Ehevertrag ja verpflichtet war, die Kinder im evangelisch-lutherischen Glauben zu erziehen oder erziehen zu lassen. Der tägliche Verkehr mit den Erzieherinnen und den Hofmeistern (Erziehern) des Sohnes und Stiefsohnes, die mit ihren Zöglingen im gleichen Palais oder Schloss wohnten, sorgte sicher für pädagogisches Einvernehmen. Alle Hofmeister waren gut beleumundete Theologen, sonst wären sie von König Friedrich gar nicht für diese ihm sehr wichtig erscheinende Funktion akzeptiert worden. Der letzte Erzieher, Pfarrer Hoffmann, war im Übrigen zehn Jahre in herzoglichen Diensten gewesen und hatte zweifellos auch religiösen Einfluss auf die Mutter seines Zöglings.

Aber auch für den Religionsunterricht der Prinzessinnen und deren Vorbereitung auf die Konfirmation fanden sich erfahrene, einfühlsame und pietistisch angehauchte Ortsgeistliche: bis 1814 der Oberhelfer (Stadt-

Herzogin Henriette im Alter von 58 Jahren

pfarrer) Kraz, dann sein Nachfolger Geß[283], ein späterer Heilbronner Prälat. So war allein schon dadurch ein ständiger, wohl auch prägender Kontakt zur württembergischen Landeskirche gegeben.

Henriette hatte nachweislich in ihren krisenhaften Anfangsjahren in Kirchheim Dekan Pfeiffer und nach dessen Tod 1819 Oberhelfer Geß als Beichtvater erwählt, eine damals in evangelischen Adelskreisen durchaus noch übliche Gepflogenheit.[284] Gottesdienste wurden von der hohen Fürstlichkeit in der Pfarrkirche St. Martin besucht. Auch wenn bis Anfang der 1970er Jahre in der so genannten Schlosskapelle eine Empore mit Herrschaftsloge vorhanden war, ist mit großer Wahrscheinlichkeit anzunehmen, dass dieser Raum schon damals nicht mehr für herrschaftliche Gottesdienste benutzt wurde.[285]

Wurden Konfirmationen oder die beiden »Josephs-Hochzeiten« im Schloss Kirchheim gefeiert, dann erschienen bekanntlich einer der ranghöchsten Geistlichen der Landeskirche, Oberhofprediger Prälat d'Autel, und auch Vertreter des Konsistoriums, der Stuttgarter Kirchenleitung.

Die höchsten lokalen Kirchenvertreter, die Dekane, waren für Henriette zu allen Zeiten wichtige Ansprechpartner, vertrauensvolle, geachtete Respektspersonen, gleichwertige Gesprächspartner, Mitkämpfer für manche christliche Tat, teilweise eben auch Beichtväter.

Die lutherische Kirche in Württemberg und auch im Kirchheimer Oberamt hatte eine pietistische Prägung erfahren.

Der Pietismus – von lat. *pius*, fromm – war eine protestantische Bewegung zur Erneuerung des frommen Lebens und der Kirche. Sie ging im 17. Jahrhundert vom Theologen Philipp Jacob Spener (1635–1705) aus und verbreitete sich über seinen Schüler August Hermann Franke (1663–1727) in Halle und die Brüdergemeine des Nikolaus Ludwig Graf von Zinzendorf (1700–1760) in Herrnhut auch nach Württemberg.

Von Generation zu Generation veränderten sich allerdings die Inhalte des Pietismus, abschätzig manchmal auch als »Frömmler«-Bewegung bezeichnet, sodass es auch in Württemberg verschiedene Spielarten des Pietismus bis hin zum sog. radikalen Pietismus gab, die staatlicherseits anfänglich sehr kritisch beäugt und mit Verboten und Strafandrohungen belegt wurden. Es ist in Württemberg jedoch gelungen, den Pietismus einerseits als ursprüngliche Opposition zur Amtskirche zurückzudrängen, andererseits als ein prägendes Element in die Landeskirche zu integrieren. Der von Spener wieder betonte lutherische Grundsatz des »Priestertums aller Gläubigen« führte im Übrigen keinesfalls zu einer Verwässerung der kirchlichen Lehre und Vereinfachung der Bibelauslegung, zumal es oft die Pfarrer selbst waren, welche die außerkirchlichen Erbauungsstunden mit fundierter Auslegung der Heiligen Schrift initiierten und leiteten.[286]

Der württembergische Theologe Johann Albrecht Bengel (1687–1752), der die Versöhnungsbestrebungen zwischen Pietismus und Landeskirche maßgeblich befördert hatte, erweckte mit seiner Voraussage des beginnenden Reiches Gottes für das Jahr 1836[287] auch eine gewisse Volksfrömmigkeit, besonders in der Generation, welche die Schrecken der Französischen Revolution, der napoleonischen Kriege und der europaweit verbreiteten Hungersnot in den Jahren 1816/17 erlebt hatte. Man sah in all diesen schlimmen Ereignissen ein Gericht Gottes und Vorboten für die Wiederkehr des Reiches Gottes. Viele wollten darauf vorbereitet sein.[288]

Von Herzogin Henriette, die fromm veranlagt und erzogen war, hörte man viele Jahre nichts Auffälliges in Bezug auf die Religion; viel zu sehr war sie mit ihren Geburten, mit ihren Kindern, mit ihrer Gesundheit, mit den Umzügen, mit den vielen glanzvollen Eindrücken vom russischen Zarenhof und vom Hof Friedrichs I., mit ihren landwirtschaftlichen Aktivitäten in Ludwigsburg körperlich und geistig ausgefüllt. Doch die plötzliche Verbannung nach Kirchheim, die schwierigen Anfangsjahre dort mit einem missmutigen, wenig rücksichtsvollen, von apoplektischen Anfällen geschwächten Mann, dessen maßlose Verschuldung sie zweifellos bedrückte, später dann der Tod des Mannes, des geliebten Bruders in Weilburg, des ihr so nahe stehenden Königs in Stuttgart, der eng befreundeten Königin Katharina, aber auch die Dankbarkeit für die so eindrucksvolle Italienreise, das frühe Eheglück ihrer Töchter – all diese Eindrücke brachten sie wieder in eine tiefere Beziehung zum Glauben und ließen sie noch gottesfürchtiger werden.

Die engen und zahlreichen Kontakte zur örtlichen Geistlichkeit taten ein Übriges. Vor allem ist es zunächst wohl dem Einfluss des 1819 nach Kirchheim berufenen Dekans Dr. Bahnmaier zu verdanken, dass die Herzogin dem Pietismus und der Erweckungsbewegung noch ein gutes Stück näher kam.

Dr. Jonathan Friedrich Bahnmaier (1774–1841) war eine hochkarätige geistige und geistliche Persönlichkeit, die eigentlich ihren verdienten Platz an der Universität in Tübingen gehabt hätte. Aber der Theologieprofessor und Rektor der Landesuniversität war beim König wegen einer ungeschickten, missverständlichen Äußerung über den ermordeten Dichter Kotzebue und seinen studentischen Mörder in Ungnade gefallen. Er war zudem nicht bereit, seine Worte zu widerrufen. Folge war die Strafversetzung des Professors auf die freigewordene Stelle des Kirchheimer Dekans. Und Bahnmaier, der mit einer Schwester des Sekretärs der Basler Christentumsgesellschaft und Initiators des dortigen Missionshauses, Christian Friedrich Spittler, verheiratet war, hatte in den wenigen Jahren seiner Tübinger Tätigkeit schon Beachtliches neben seiner Lehrtätigkeit geleistet: die Gründung eines Predigerinstituts, eines freiwilligen Armenvereins mit angegliederter Kinderarbeitsanstalt und der Tübinger Bibelgesellschaft; die Herausgabe einer Liedersammlung, der Zeitschrift »Cäcilia« sowie einiger Schriften und Denkschriften. Er war unverkennbar zu einem der führenden intellektuellen Köpfe des Pietismus im Lande aufgestiegen, des Pietismus, der in den folgenden Jahrzehnten auch dank der damals aktuellen Erweckungsbewegung im Zeichen der inneren und äußeren Mission zu einem Höhepunkt seines Einflusses und Wirkens in Württemberg gelangte.[289]

Die rechtschaffene Herzogin konnte sich diesem Einfluss nicht entziehen und wollte zu den überzeugten, neubekehrten Christen gehören, deren Frömmigkeit »erweckt« wurde, die in der »Nachfolge Christi« bereit waren, Buße zu tun, Askese und Selbstdisziplin walten und das christliche Heilsgeschehen erbaulich wirken zu lassen. Aber sie wollte auch einen Beitrag zur Verbreitung des Wortes Gottes über die Bibel und ihre Auslegung im Innern wie nach Außen in der Heidenmission leisten und in gütiger Nächstenliebe Gutes tun. Ein früher Biograph des 19. Jahrhunderts erwähnte, dass Henriette in ihrem Siegel den Wahlspruch: Im

Herrn allein Trost und Kraft hatte und überschrieb ihre Grundhaltung mit »lebendigem Christentum«[290]. Andere nannten es tätiges, der Welt zugewandtes oder gar fröhliches Christentum, manche auch »populären Pietismus«. Ein späterer Kirchheimer Dekan meinte ganz schlicht: *Die Versöhnung mit Gott durch Christus stand ihr im Mittelpunkt ihrer Religiosität und ihres Glaubens.*[291] Die Nähe zu Luthers Gnaden- und Rechtfertigungslehre, dass der Mensch allein durch das gläubige Vertrauen auf Jesus Christus vor Gott gerecht werde, war unverkennbar.

Wie tief die Herzogin im Verlauf der Jahre im Pietismus verwurzelt war, zeigt auch ihr Verhältnis zu Albert Knapp (1798–1864). Schon ihr Bemühen, Knapp 1831 als Oberhelfer für Kirchheim zu gewinnen, muss von dem Wunsch bestimmt gewesen sein, hier einen jüngeren, engagierten Vertreter des Pietismus in ihre Nähe zu bekommen, denn Knapp war immerhin mit Ludwig Hofacker, dem jungen Stuttgarter Starprediger und profilierten, aber viel zu früh verstorbenen Kopf der damaligen Erweckungsbewegung befreundet gewesen und durch ihn erweckt worden. Außerdem war er aus Studientagen mit dem überzeugten Pietisten Gottlob Baumann, dem Pfarrer des Kirchheimer Vororts Notzingen, befreundet.[292]

Albert Knapp sprach in seinen Aufzeichnungen von einem *huldreichen, seelenvollen Empfang, der uns bei der edeln Frau Herzogin zu Theil wurde,* und wie sich sein Herz freute *auf den Umgang mit der nach Geist und Herz vortrefflichen Frau Herzogin Henriette, einer der frömmsten und edelsten Frauen, die ich in dieser Welt kennen und verehren gelernt habe.*[293] Knapp verkehrte Berichten zufolge zusammen mit Dekan Bahnmaier fast täglich im Schloss, [294] und da er meisterhaft Stunden halten konnte, musste er auch immer wieder *fürstliche Stunden*[295] im Schloss halten. Dort war es auch durchaus üblich, bei Sitzungen von Gremien, die von Henriette geleitet wurden, diese mit Gesang, Gebet und anschließender Besprechung eines Bibeltextes zu eröffnen.[296] Zeitgenossen sahen Henriette in gewisser Hinsicht als gelehrige Schülerin des Oberhelfers Knapp. In der Tat schien dieser den richtigen Ton getroffen und – mit heutigen Worten – auf der gleichen Wellenlänge mit der Herzogin gelegen zu haben. Der umfangreiche Briefwechsel, der sich nach dem Wegzug Knapps aus Kirchheim 1836 ergab, kann dies nur bestätigen. Henriette sah sich, wie man aus Grußformeln und auch aus Briefen von Königin Pauline, ihrer Tochter, entnehmen kann, als eine dem Herrn ergebene Freundin und Verehrerin des Theologen, der auch später als Stadtpfarrer an der Stuttgarter Leonhardskirche einen engen, ungezwungenen, nahezu selbstverständlichen Kontakt zum Königs- und Herzogshaus aufrecht erhielt[297] und sich bei den Gläubigen der Landeskirche einen dauerhaften Namen gemacht hat durch die Herausgabe des jährlichen Taschenbüchleins »Christoterpe« wie auch von Gesangbüchern, Liedersammlungen und Gedichten.[298]

Auch der Notzinger Pfarrer Baumann, ein ebenso erfahrener Meister im Stundenhalten, hatte es Henriette angetan. Manches Mal fuhr sie mit der Kutsche nach Notzingen, um seine eindrucksvollen Predigten zu hören. Nach seinem Tode 1856 schrieb sie in einem Brief: *Ich kann ihm in's Grab rufen, wie Claudius:* »*Sie haben einen guten Mann begraben, und mir war er mehr.*« *Auch mit ihm brachte ich herrliche Notzinger Stunden zu.*[299]

Auch die Nachfolger Dekan Bahnmaiers nach 1841 – zunächst Dekan Moser und dann Dekan Weitzel – pflegten engen Kontakt zu Henriette, wobei Moser bis zu ihrem Tode auch die vertrauensvolle Funktion als Beichtvater ausübte. Von den Oberpräzeptoren der Kirchheimer Lateinschule verkehrten vor allem die Herren Braun und Eduard Eyth bei der Herzogin, teilweise auch brieflich weit über ihre Kirchheimer Zeit hinaus. Eduard Eyth war im Übrigen der Vater des am 6. Mai 1836 in Kirchheim geborenen und später berühmten Dichteringenieurs Max Eyth. Mit Sicherheit nahm Henriette den neuen Erdenbürger damals irgendwann in Augenschein, zumal er von Dekan Bahnmaier getauft wurde und Oberhelfer Albert Knapp sein Taufpate war.[300]

Henriette pflegte jedoch nicht nur lokale, sondern regionale und überregionale Kontakte zu markanten Pietisten. Und für einen in Kirchheim weilenden Theologen oder Missionar war die Begegnung mit Henriette ein Muss. Häufigeren Kontakt hatte sie vor allem zu Dr. Christian Gottlob Barth, dem ursprünglichen Pfarrer von Möttlingen und später publizistisch wirkenden Kopf der Missionstätigkeit in Württemberg[301] sowie zu dem auch von Dekan Bahnmaier hochgeschätzten »Diaspora-Arbeiter« der Brüdergemeine Königsfeld, Johann Conrad Weiz.[302] Dieser einfache Mann, ein gelernter Buchbindermeister, wanderte im Dienste seiner Gemeine landauf, landab und traf mehrfach mit Henriette und Königin Pauline zusammen und besuchte auch Marie Dorothee und Joseph in Ungarn. Kennen gelernt hatte Henriette diesen fleißigen, bescheidenen Bruder, der angeblich immer die richtigen Worte fand, im Jahre 1822 bei einem Besuch in Königsfeld im Schwarzwald, dem schwäbischen Herrnhut. Von dieser Gemeinde oder von Weiz selbst erhielt Henriette Jahr für Jahr auch das Losungsbüchlein zugesandt.[303]

Von Begegnungen mit dem Tübinger Professor Johann Tobias Beck – neben Bengel und Oetinger einer der ganz Großen in der Geschichte des württembergischen Pietismus und des so genannten Biblizismus – sowie mit Samuel Gobat, dem evangelischen Bischof von Jerusalem, einem ehemaligen Schüler des Basler Missionshauses, oder auch mit den Gebrüdern Hofacker und Hofrat Dr. Zeller aus Winnenden wird berichtet. Ebenso gab es Kontakte zu der Schweizer Pietistin Anna Schlatter-Bernet, auch in deren Haus in St. Gallen.[304] Henriette scheute sich nicht, den nach Öschingen und Mössingen strafversetzten pietistischen Pfarrer Christian Adam Dann in seiner Verbannung zu besuchen, obgleich dies in Stuttgart nicht gern gesehen wurde. Nicht zuletzt schätzte sie auch den Initiator und Vorsteher der Gemeinde Korntal, Wilhelm Hoffmann d. Ä.[305]

Im Übrigen sollte nicht übersehen werden, dass es briefliche und persönliche Kontakte gab zwischen der Herzogin und Johann Christoph Blumhardt, der Dr. Barth in Möttlingen bei Calw als Pfarrer nachgefolgt war und mit seinen Gebetsheilungen landesweites Aufsehen erregt hatte.

Den vor wenigen Jahren publizierten Briefen Blumhardts ist zu entnehmen, dass es unter anderem Henriette war, die Blumhardt 1851 auf den bevorstehenden Verkauf der unweit Kirchheims gelegenen Boller Badeanlagen hinwies und ihn zusammen mit Barth ermunterte, diese Immobilien zu erwerben – mit Erfolg, wie man an dem 1852 eröffneten Seelsorgezentrum des »erweckten Pietisten« sehen konnte.[306]

Wie ernst ihr die Erweckungsbewegung war, zeigt letztlich auch ein Blick in ihre Lektüre: Waren es in der St. Petersburger Zeit eher die Werke der am Zarenhof durchaus bekannten zeitgenössischen Weimarer Klassiker, so sind es in der zweiten Lebenshälfte mehr die Schriften des Schweizers Lavater und des in Nassau-Siegen geborenen Jung-Stilling als dem »Patriarchen« der badischen Erweckungsbewegung; sodann die Erbauungsschriften Steinhofers, die Königsfelder Briefe und Losungen, nicht zuletzt die Bibel.[307]

In missionarischem Eifer ließ sie, teilweise zusammen mit Tochter Pauline, den Hebräerbrief Steinhofers verbreiten oder Bibeln an Gefangene und arme Personen verteilen.[308] An der Tätigkeit des Christian Friedrich Spittler im Basler Missionshaus nahm sie regen Anteil und zeichnete auch Anteile an dessen Unternehmen, wobei die mit ihr befreundete Frau von Baer aus Kirchheim sehr zur Aufrechterhaltung dieser Verbindung beitrug.[309]

Ihr Interesse an der Heidenmission war groß. Dr. Bahnmaier, der Schwager Spittlers, hatte schon in seinen ersten Dekansjahren im Oberamt Kirchheim einen Missions- und Bibelverein gegründet.[310] Einer Biografie Christian Gottlob Barths ist zu entnehmen, dass Barth 1847 zusammen mit Hoffmann das Kirchheimer Missionsfest in Anwesenheit von Henriette und der Familie des Herzogs Joseph aus Altenburg feierte. Nach den Kirchbesuchen vor- und nachmittags habe man sich im Garten der Herzogin versammelt, und Henriette sei mit der Enkelin Alexandra bei Regen unter einem Schirm eine Stunde an seinem Tisch gesessen, während die Tischgäste sich mit einem Glas Bier erquickt hätten.[311]

All das könnte heute zu der Annahme verleiten, Henriette sei eine etwas weltfremde, frömmelnde, vor allem Theologen verehrende und nur auf ihr Seelenheil bedachte Person gewesen. Aber die Zeiten lassen sich nicht vergleichen. Man schätzte damals in Abkehr vom Rationalismus der Aufklärungs- und Revolutionszeit das Bibelwort wieder sehr hoch. Und man war frommer, kirchenfreudiger und auch kirchengläubiger als heute.

In ihrer selbstlosen, bescheidenen, natürlichen und gütigen Art konnte man Henriette kaum als bigott bezeichnen: Scheinheiligkeit, Engherzigkeit und Einseitigkeit waren ihr fremd. Mit Eigenschaften wie echter Frömmigkeit, Weitherzigkeit, Weltoffenheit und Toleranz wird man ihr eher gerecht. *Pietistische Maunzerinnen*[312], die nur das irdische Jammertal weinerlich beklagten und zu keiner Abhilfe schritten, mochte sie nicht. Wenn der badische »Erwecker« Jung-Stilling schreibt: ... *dass das Maulchristentum gar keinen Wert hat, sondern dass man sein Licht durch gute Handlungen müsse leuchten lassen*[313], so charakterisiert das einen Teil der Persönlichkeit Herzogin Henriettes sehr treffend.

Die Anfänge der Wohltätigkeit Henriettes

Im Stadtarchiv Kirchheim unter Teck ist die Mitteilung eines Bortenmachers Rupp vom 1. September 1816 aufbewahrt. Danach war der ganze Sommer 1816 kalt und regnerisch. Bei Karlsruhe sei die Frucht per Schiff geerntet worden, weil sie bis an die Ähre im Wasser stand. Und auf der Schwäbischen Alb habe man vom Klee die Blätter abgezupft und zu Kraut weiter verarbeitet.[314] Der Stadtgeschichte von Ludwigsburg kann man entnehmen, dass Frühjahr und Sommer 1816 von Kälte, anhaltendem Regen und Hagelschlägen gekennzeichnet waren und dass am 17. Oktober der erste Schnee fiel und liegen blieb. Die Folge war eine fürchterliche Missernte, vor allem bei Getreide, Kartoffeln und Wein.[315] Das führte zu einem unbeschreiblichen Anstieg der Lebensmittelpreise, zur Verarmung weiter Bevölkerungskreise, zu einer unglaublichen Hungersnot in vielen Teilen des Landes und letztlich auch zu einer Auswanderungswelle. Hinzu kamen Ende Oktober die plötzliche Erkrankung des Königs, sein Tod am 30. Oktober und die Übernahme der Regentschaft durch König Wilhelm I. und seine Frau Katharina, die just am Todestag des Schwiegervaters von einer Tochter entbunden wurde.

Noch vor den höchst offiziellen Anweisungen und Interventionen bildeten sich lokale Unterstützungsvereine, so auch in Kirchheim ein Local-Armen-Verein, der mit Beistand des Oberamts und der Stiftungsverwaltung eine freiwillige Armenversorgungsanstalt einrichtete, bestehend aus einer Suppenanstalt und einer freiwilligen Arbeitsanstalt, letztere insbesondere für Kinder. Das wurde am 5. Januar 1817 öffentlich verkündet, und Adel, Honoratioren und Bürger wurden zur Teilnahme und zu Spenden aufgefordert.[316]

In Stuttgart war mittlerweile am 26. Dezember ein prominent zusammengesetztes Komitee von Königin Katharina einbestellt worden, das am 6. Januar unter ihrem Vorsitz die Arbeit aufnahm.[317] Am 7. Januar dekretierte eine königliche Verordnung, dass überall Wohltätigkeitsvereine und Armenanstalten unter Leitung des Oberamts in Verbindung mit Kirchenkonventen und Armendeputationen einzurichten seien. In einem Rundschreiben an die Oberämter wurde der Wunsch der Königin, die Vorsitzende und Motor der Stuttgarter Zentralleitung der Wohltätigkeitsvereine bis zu ihrem allzu frühen Tode blieb, nach der Mitarbeit von Frauen kundgetan.[318] Im Kontext dieses ohne Anordnung von oben zustande gekommenen Kirchheimer Local-Armen-Vereins findet sich der erste Nachweis sozialen Engagements von Herzogin Henriette. Sie wollte sich nicht nur selbst in diesen Verein einbringen, sondern sie ermunterte auch viele Frauen zur Teilnahme[319] – ganz im Sinne ihrer königlichen Stuttgarter Nichte und Freundin, die sicher große Hoffnungen auf sie setzte. Außerdem schenkte sie der Suppen- und Kochanstalt einen so genannten Papinschen Topf, einen Dampfkochtopf zur schnelleren Zubereitung riesiger Mengen Rumfordscher Suppen. Diese von dem englischen Grafen Rumford auch in Bayern bereits für die Massenspeisung ausprobierten, preiswerten und sehr nahrhaften Suppen wurden in einer Größenordnung von über 300 Einheiten pro Tag zubereitet und an die Kinder des Arbeitsinstituts oder an Bedürftige für drei Kreuzer nach Hause abgegeben.

Aber auch eine Kartoffelspende der Herzogin im Wert von 9 fl. und Geldspenden Henriettes und ihrer Töchter in Höhe von 900 fl. werden erwähnt, wovon rund ein Viertel für den Oberamtsbezirk außerhalb Kirchheims gedacht war.[320]

Einem öffentlichen Aufruf der Zentralleitung der Wohltätigkeitsvereine an Württembergs Frauen folgend, hatte sich Henriette ebenso für eine Spenden- und Pretiosensammlung engagiert und am 20. Mai 1817 1.116 fl. und Schmuck von unbestimmtem Wert nach Stuttgart überbringen lassen. Aus diesem Scherflein wurde vor allem der Wohltätigkeitsverein des Oberamts Weinsberg mit einem Zuschuss von 400 fl. und einem unverzinslichen Darlehen von 400 fl. auf fünf Jahre unterstützt, aber auch Gaisburger Bürger, deren Wohnhäuser eingestürzt waren. Da nimmt es nicht wunder, dass der frühere Kirchheimer Oberamtmann von Lempp in der Zentralleitungssitzung am 3. Juni die *Vollkommenheit der Armenanstalten in der Stadt unter der Aufsicht und Leitung der unermüdeten Wohltäterin, der Frau Herzogin Louis* hervorhebt.[321]

Im Übrigen erhielten auch die Bediensteten im Schloss Kirchheim in diesem Hungerjahr eine Teuerungszulage, wenn auch das Geld in der herzoglichen Kasse sehr knapp war, denn damals lebte Louis noch.[322]

Noch ein Wort zur anderen Armenanstalt in Kirchheim: Das ebenso im Spital untergebrachte Kinderarbeitsinstitut, in dem 150 Kinder unterrichtet und zum Korb- und Strohflechten, Woll- und Baumwollspinnen, Nähen und Stricken angeleitet wurden und das wenig später bis 1899 als Industrieschule bezeichnet wurde,[323] ist keine Erfindung Kirchheims oder Württembergs oder der Herzogin Henriette. Sie hat diese Einrichtungen, in denen handwerkliche Fertigkeiten erlernt wurden, um die Einkommens- und beruflichen Fortkommensmöglichkeiten zu verbessern, gut geheißen und Dekan Bahnmaier in den Jahren 1819 bis 1821 nach Kräften im Wohltätigkeitsverein bei der Gründung von über zwanzig Industrieschulen diverser Ausrichtung im Oberamt unterstützt, wobei diese Schulen zwischen 20 und 40 fl. Zuschuss von der Zentralleitung des Wohltätigkeitsvereins in Stuttgart erhielten.[324]

Dass Henriette die faktische Leitung des Wohltätigkeitsvereins von Anfang an innehatte – wie Lempp behauptet – muss bezweifelt werden. Vielleicht war sie Spiritus rector in diesem Kreis, gelegentlich die Gastgeberin oder sporadisch Sitzungspräsidentin, doch hat sie sich wohl erst seit etwa 1820 wirklich als Vorsitzende eingebracht,[325] da der Tod des Gemahls im September 1817, die Italienreise 1818/19 und die zwei rasch aufeinander folgenden Hochzeiten der Töchter Marie Dorothee und Pauline 1819 und 1820 kaum Zeit gelassen haben dürften, dieser Verpflichtung regelmäßig nachzukommen.

Die Paulinenpflege

Es war schon bei der Darstellung der Italienreise aufgefallen, dass die Hoheiten sich im Herbst 1818 nachhaltig für Waisenhäuser, Armenheimschulen, Taubstummeneinrichtungen und dergleichen interessierten, so in Zürich, Münchenbuchsee, Yverdon, Genua und Neapel. Dabei lernten sie auch die zwei nachhaltig wirkenden Schweizer Pädagogen Fellenberg und Pestalozzi kennen und befassten sich mit deren Ideen und Einrichtungen. Als nun in Düsseltal – heute Ortsteil von Düsseldorf – und in Beuggen am Hochrhein 1820 erste deutsche Kinderrettungsanstalten gegründet worden waren, da griff Königin Pauline die Idee der von der Basler Christentumsgesellschaft maßgeblich propagierten Rettungshausbewegung auf und gründete im September 1820 in Stuttgart die erste württembergische Kinderrettungsanstalt »Paulinenpflege«, zumal ein ähnliches Vorhaben ihrer Vorgängerin wegen deren frühem Tod nicht mehr zum Tragen gekommen war. Angeblich war es schon vor der Königinnenzeit ihr Herzenswunsch gewesen, dass auch in Kirchheim eine solche Anstalt eingerichtet wird.[326] Bis zur Verwirklichung dieses Wunsches dauerte es noch Jahre. Manche württembergischen Orte waren schneller, so 1823 Winnenden und Korntal, 1824 Herrenberg und 1825 Tuttlingen.[327]

Als Pauline 1823 mit dem Kronprinzen Karl niedergekommen war, nahm Henriette als Wohltätigkeitsvereinsvorsitzende dies zum Anlass, der Stadtverwaltung und dem Stiftungsrat als Armenbehörde den Wunsch des Königspaars nach einer ähnlichen Einrichtung im Kirchheimer Freihofgelände zu übermitteln. Doch hatte die Stadt in diesem Bereich etwas andere Vorstellungen, und auch der württembergische Staat gab den früheren Kasernenkomplex nicht sofort frei.[328] Man sieht an diesen Vorgängen deutlich, dass Henriette nicht wie eine Regentin oder Landesmutter einfach etwas anordnen und durchsetzen konnte, da ihr als Privatperson Exekutivbefugnisse fehlten. Sie war eine hochrangige Privatperson mit besten Beziehungen zum Regenten; sie war als geistreiche und gebildete Persönlichkeit geachtet, der man in der Regel – allein schon vom Standesunterschied her – nicht gern widersprach. Man schätzte sie als treibende Kraft, die vermitteln konnte und die bei finanziellen Engpässen den einen oder anderen offiziellen Topf schneller als gewöhnlich öffnen ließ, aber auch die prominente Verwandte mit Spenden heranführte. Überhaupt war sie im Spendensammeln sehr geschickt und findig, spendierte aber auch als Nothelferin immer wieder einen Notgroschen oder eine namhafte reguläre Gabe.

Und so war es auch in Sachen Kirchheimer Kinderrettungsanstalt. Zusammen mit Dekan Bahnmaier und dem Chef des Oberamtes von Knapp trieb sie die manchmal zögerlich sich entwickelnden Dinge voran. Als man im November 1825 schließlich das Haus am Schlossplatz 14 erworben hatte, wurde der zuverlässige und tiefreligiöse Kirchheimer Lehrer Johannes Haug zum Hausvater bestellt und durfte auf Anregung und Kosten Henriettes diverse ähnliche Einrichtungen in der Schweiz und in Süddeutschland besuchen.[329]

Für die am 8. Mai eröffnete Einrichtung, die ebenso wie die in Stuttgart und Winnenden in Würdigung der Königin den Namen »Paulinenpflege« erhielt,[330] brachte Henriette selbst eine Spende von 500 fl. für den Hauskauf ein, übernahm das jährliche Kostgeld für ein Kind in Höhe von 50 fl. und gab auch später immer wieder Spenden, sei es die Stiftung eines Backofens im Jahre 1832, seien es Mittel für die Kurkosten eines Kindes oder die Beschaffung von Betten für über 225 fl.[331] Die Finanzierung der Paulinenpflege hätte ein Einzelner nicht tragen können. Es war schwierig genug, die Mischfinanzierung durch Oberamt, Stadt, Armenkasten, Wohltätigkeitsverein, Kirchenkollekten, Umlandgemeinden, Stiftungsmittel, Spenden und anderes sicherzustellen. Entsprechend war auch der Vereinscharakter der Einrichtung halb staatlich, halb privat.

Die Führung hatte ursprünglich ein Ausschuss der Leitung des Bezirkswohltätigkeitsvereins, dann ein so genanntes Comité, dem unter Vorsitz der Herzogin der Oberamtmann, der Stadtschultheiß, der Dekan, der Oberhelfer, der Amtspfleger und vier von Henriette vorgeschlagene Frauen angehörten.[332]

Das Engagement Henriettes für die Paulinenpflege beinhaltete natürlich auch die von ihr unterstützte Vergrößerung und Umsiedlung vom

Schlossplatz in die Alleenstraße im Jahre 1841; dann die Teilnahme an Jubiläen, Jahresfesten und nicht zu vergessen die testamentarische Hinterlassenschaft von 1.500 fl. für die Paulinenpflege, davon 500 fl. zum Ankauf von Äckern und 1.000 fl. zur Anlage, aus deren Zinsen ein Kind unentgeltlich aufgenommen werden sollte.[333]

Im Zusammenhang mit der Paulinenpflege soll nicht unerwähnt bleiben, dass Henriette mit dem ersten Hausvater der Paulinenpflege und seiner Ehefrau eine langjährige nachbarschaftlich-freundschaftliche Beziehung aufrecht erhielt, und Haug als späterer Lehrerseminarleiter im früheren Haus der Paulinenpflege am Schlossplatz, als Mitglied des Kranken- und Missionsvereins, als Jünglingsvereinsgründer, als überzeugter Pietist und rechtschaffener Mann das volle Vertrauen der Herzogin genoss.[334]

Die Kleinkinderschule

Bereits im 18. Jahrhundert setzte sich der Schweizer Pädagoge Johann Heinrich Pestalozzi (1746–1827) für die Einrichtung von Kinderbewahranstalten im Vorschulalter (3–6 Jahre) ein, um Eltern zu entlasten, die beide tagsüber aus dem Haus mussten. Gleichzeitig mit ihm verwirklichte der Elsässer Johann Friedrich Oberlin (1740–1826) in seinem Wirkungskreis diese Idee wie auch niederländische Pädagogen mit ihren »Spielschulen« oder etwas später der englische Sozialreformer Robert Owen (1771–1858) mit seiner ersten *infant-school*. In Deutschland war es die Fürstin Pauline zur Lippe, die erstmals 1801/02 eine solche Bewahranstalt in Detmold errichten ließ. Weitere Anregungen für Kontinentaleuropa und Deutschland ergaben sich durch die deutsche Ausgabe des Werkes »Über die frühzeitige Erziehung der Kinder und die englischen Kleinkinderschulen« des Engländers Samuel Wilderspin im Jahre 1826. Bereits 1828 eröffnete die Gräfin Brunswick in Budapest die erste Kinderbewahranstalt unter der Schirmherrschaft der Henriettentochter Marie Dorothee. Deren Schwester Amalie gründete in den 1830er Jahren in Altenburg eine ähnliche Anstalt.[335]

1829 war in Korntal eine Kleinkinderrettungsanstalt für arme, verwahrloste zwei- bis sechsjährige Kinder gegründet und im gleichen Jahr in Stuttgart der Verein für Kleinkinderbewahranstalten gebildet worden.

Nachdem sich Heinrich Lotter vom dortigen Lokalwohltätigkeitsverein für die Einrichtung einer Stuttgarter Kleinkinderschule erfolgreich eingesetzt hatte, wirkte die Zentralleitung der Wohltätigkeitsvereine und damit auch Königin Pauline seit 1835 über eine Druckschrift auf die Gründung weiterer solcher Kinderschulen hin.[336] Am 18. Oktober 1837 erreichte eine Anfrage der Zentralleitung auch Kirchheim, ob die Stadt geneigt wäre, einem entsprechenden Einrichtungswunsch eventuell im Kasernenschlösschen (Freihof) entgegenzukommen.[337] Diesem Wunsch wollte man sich in Kirchheim nicht verschließen, erst recht nicht Henriette, die das Zentralleitungsbegehren zu dem ihren machte. Großzügig versprach sie, der Kleinkinderschule Jahr für Jahr 100 fl. und zusätzlich die ersten beiden Jahre 1838 und 1839 je 500 fl. als verzinslich angelegtes Startkapital zu stiften. 1850 erhöhte sie das Stiftungskapital um weitere 1.000 fl. Grundsätzlich sollten die Zinsen bis zu ihrem Ableben, falls nicht für dringende Unterhaltsausgaben oder für Spielsachen benötigt, immer wieder dem Kapital zufließen. Außerdem legte sie fest, dass die Kleinkinderschule für alle Zeiten unter der Leitung des ersten Ortsgeistlichen, also des Dekans stehen soll. Nach den regelmäßigen Visitationsberichten mit dem Nachweis des Kapitalverbleibs habe eine Kanzelverkündigung über die Bedingungen der Stiftung zu erfolgen, auch für den Fall einer eventuellen Trennung von Kirche und Schule.[338]

Als die Eröffnung der Kleinkinderschule zum 16. August 1838 bevorstand, schrieb Dekan Bahnmaier im Namen des Vorstands im Kirchheimer Wochenblatt dankbar und stolz: *Durch eine so gerne, zum Besten der Kinderwelt insbesondere, wirkende, uns allen bekannte, liebende Hand und den darauf erfolgten Zusammentritt einer Anzahl von anderen Menschen und Kinderfreunden ist es, zum Preise Gottes und zum innigsten Dank gegen alle wohltätigen Beförderern des Werkes, gelungen, auch hier eine Kleinkinderschule zu eröffnen.*[339]

Diese erste Kirchheimer Kinderschule war kein Kindergarten im heutigen Sinne. Sie gehörte zweifellos mehr zum Typ der so genannten Kinderbewahranstalten, bei denen es in erster Linie um das Aufbewahren von noch nicht schulreifen Kindern unter Aufsicht von Erwachsenen (Aufseherinnen/Wärterinnen) ging, obwohl im erwähnten Zeitungsaufruf an die Eltern auch die Rede war von *einem bildenden Aufbewahrungsort für Kinder*, von einer Lehrerin, von Unterhaltung und Beschäftigung der Kinder, vom Erzählen von Geschichten, von Kinderspielen, vom Einüben der Aufmerksamkeit und der Ordnungsliebe. Der Begriff »Kindergarten« wird erst wenig später durch die Fröbelsche Pädagogik kreiert, welche die Kinder nicht nur beaufsichtigen, sondern ihnen eine ihrem Wesen entsprechende Beschäftigung und Anregung unter Anleitung von ausgebildeten Personen geben will. Festzuhalten ist aber auch, dass die 1838 in einem Saal der ehemaligen Kaserne im Freihof gegründete und vom Local-Armenverein verwaltete Kleinkinderschule eine dauerhafte Einrichtung blieb und nach zeitbedingten Weiterentwicklungen wie auch räumlichen Veränderungen im heutigen städtischen Teck-Kindergarten in der Teckstraße noch immer besteht.[340]

Ein Wilhelmshospital für Kirchheim

Schon kurze Zeit nach der Einweihung der Paulinenpflege beschloss der Stiftungsrat – quasi die Ortsarmenbehörde – den Kirchheimer Bauinspektor *eine Überplanung eines neu zu erbauenden Krankenhauses fertigen zu lassen*.[341] Für Kranke standen damals nur zwei Krankenstuben in Kasernengebäuden des Freihofs und für Bedürftige das Armenhaus zur Verfügung. Fehlende Mittel in den offiziellen Geldtöpfen und Meinungsverschiedenheiten zwischen dem Kirchheimer Gemeinderat und dem Stiftungsrat verzögerten jedoch das Anpacken des Problems, obwohl eine Cholera-Epidemie im Jahre 1832 die Misere offenkundig gemacht hatte. Auch das Einschalten der Kreisregierung in Ulm änderte nichts an der Haltung des Stiftungsrats, der weiterhin eine Friedhofserweiterung als dringlicher und finanziell leichter realisierbar einstufte und im Jahre 1835 allein für die notwendigen Grundstücksankäufe 1.650 fl. ausgab.[342] Die Stadtkasse war zudem durch den Ankauf der Kasernengebäude und den Bau einer Wollmarkthalle belastet, zumal man zunächst die Widerholt- und Wellingstiftungen nicht antasten wollte.[343]

Henriette, der das Hin und Her um die Krankenhauspläne, aber auch die Einrichtung eines Privatkrankenhauses in Ludwigsburg im Jahre 1836 nicht verborgen blieben, lud schließlich zu einer Vereinsgründung für das Projekt Krankenhaus ein, das nach ihrem Willen sowohl für die Stadt als auch den Bezirk Kirchheim tätig sein sollte. Unter ihrem bewährten Vorsitz konstituierte sich der Verein am 27. März 1839. Henriettes Verhandlungsgeschick und Findigkeit bei der Geldbeschaffung trugen entscheidend dazu bei, dass bereits am 1. Oktober 1840 die Einweihung des Krankenhauses vorgenommen werden konnte.[344] Das Krankenhaus, das zu den modernsten seiner Zeit zählte, erhielt den Namen des königlichen Schwiegersohnes Wilhelm, der immerhin 1.000 fl. stiftete. Wie viel Henriette im Einzelnen persönlich spendete, lässt sich nicht mehr genau ermitteln, da sie nicht wollte, dass die namhafte Summe genannt wird.[345] Es wird überdies berichtet, dass sie die 36 Betten des Krankenhauses auf ihre Kosten anfertigen ließ.[346] Bei der Grundsteinlegung spielte sie die führende Rolle und durfte den Unterlagen zur Einmauerung ihr eigenes Bildnis hinzufügen. Folgerichtig stand denn auch in § 1 des Statuts des Wilhelmshospitals: *Der [sic!] Wilhelmshospital ist das Werk eines auf Veranlassung Ihrer Hoheit der Frau Herzogin Henriette von Württemberg zusammengetretenen Privat-Vereins, unter dessen Leitung er steht.*[347]

Besonderes Engagement zeigte die Herzogin bei der Bestellung des Pflegepersonals. Ihr aufmerksames Auge war auf die erste deutsche Diakonissenanstalt in Kaiserswerth bei Düsseldorf gefallen. Beherzt wie immer wandte sie sich an Pfarrer Theodor Fliedner, den bekannten Schöpfer dieser Einrichtung. Am 18. Mai 1840 schrieb sie an ihn: *Wie wichtig da eine gesegnete Wahl ist, brauche ich dem Begründer christlicher Krankenpflege nicht zu sagen. Ich weiß, dass Württembergerinnen in Kaiserswerth sind. Fänden sich in dieser Zahl nicht zwei, die schon so weit sind, dass sie bei uns eintreten könnten; so weit, daß der Kranke nicht nur nach dem Leib gepflegt werde, aber dass sein Ohr auch bei der Pflege Worte des Lebens höre? Württembergerinnen müssten es sein, weil Ausländerinnen nicht leicht hier mit demselben Vertrauen aufgenommen würden.*[348] Fliedner war einverstanden, allerdings unter der in Kirchheim höchst ungern akzeptierten Bedingung, dass die Diakonissen weiterhin dem Mutterhaus in Kaiserswerth unterstellt bleiben.

Nach weiterem Briefwechsel mit dem Ehepaar Fliedner kam schließlich nach fünf anstrengenden Reisetagen am 26. September 1840 Friederike Fliedner mit den zwei gewünschten Diakonissen Agnes Mayer und Sophie Wagner in Kirchheim an, nachdem Henriette ihnen noch eine Kutsche nach Stuttgart entgegen geschickt hatte.[349]

Erst am 13. Oktober reiste Frau Fliedner wieder aus Kirchheim ab, nicht ohne vorher von der Herzogin die Reisekosten von 100 Talern erstattet bekommen zu haben.[350] Die beiden Frauen haben sich recht gut verstanden. Theodor Fliedner schrieb später: *Die Herzogin zeigte ihr viel Huld, schenkte ihr ihr Bildnis und beehrte sie noch später bis kurz vor ihrem Tode mit mehreren Briefen voll inniger Liebe und tröstlicher Teilnahme auch an ihren häuslichen Leiden.*[351]

Im Jahre 1841 erbat Henriette wegen Erkrankung einer Schwester und hoher Bettenauslastung eine dritte Diakonisse. Es blieb nicht bei den guten Beziehungen nach Kaiserswerth. 1843 zog Fliedner eine Schwester in das Wormser Hospital ab, wobei Henriette Fliedners Verhalten in einem an ihn gerichteten Brief vorwurfsvoll als »papistisch« bezeichnete.[352] Schließlich wurde 1846 die Verbindung Kirchheim-Kaiserswerth im gegenseitigen Einvernehmen ganz gelöst und die Arbeit am Krankenhaus von Ludwigsburger Pflegerinnen, den sog. Krankendiakonissen übernommen.[353]

Henriette und der »Verein für den [sic!] Wilhelms-Hospital« nahmen aber auch die Entwicklung im Krankenversicherungsbereich in manchem vorweg. Sie arbeiteten ein Statut für eine Krankheitskostenversicherungskasse mit 22 Paragraphen aus, die bei entsprechender vorheriger Beitragsentrichtung die unentgeltliche Aufnahme – gerade auch von Dienstboten und Lehrlingen – ins Krankenhaus gewährleistet. Die Beiträge, deren Einzug vom Apotheker Breuninger überwacht wurde, flossen jedoch nicht einer speziellen Versicherungskasse, sondern dem Hospital selbst zur laufenden Finanzierung zu.[354]

Gründung der Freiwilligen Feuerwehr

Als am 8. August 1848 unweit des Kirchheimer Schlosses ein Haus in der Holzstraße infolge eines Blitzeinschlags abbrannte, war zufällig der badische Markgraf Wilhelm bei seiner Schwiegermutter Henriette zu Besuch und verfolgte vor Ort die etwas dilettantischen Löschversuche.[355] Wilhelm hatte ein Jahr zuvor in Karlsruhe den großen Hoftheaterbrand miterlebt[356] und dabei auch die unzureichenden Leistungen der Karlsruher Löschmannschaften im Vergleich zum »Pompierkorps« aus dem benachbarten Durlach registriert.[357] Dieses Löschkorps, deutschlandweit eine der ersten richtigen Feuerwehren, war 1846 auf Anregung des Heidelberger Feuerlöschgerätefabrikanten Metz vom Durlacher Werk- und Baumeister Christian Hengst gegründet worden.[358]

Als Markgraf Wilhelm sich mit Henriette über den Brand und seine Erfahrungen unterhielt, muss sie umgehend den Entschluss gefasst haben, ihrem »lieben Kirchheim«, das ihr so ans Herz gewachsen war[359], eine professionellere Feuerwehr zu ermöglichen. Auf ihre Kosten wurden drei junge, kräftige Männer zu einem mehrwöchigen Fortbildungsaufenthalt ins badische Durlach geschickt.[360]

Nach Rückkehr der drei sprach der stellvertretende Stadtschultheiß Heim in Stadtrat und Bürgerausschuss die Notwendigkeit eines einsatzkräftigen Feuerwehrkorps an. Nach entsprechenden öffentlichen Aufrufen zum Beitritt konstituierte sich das Korps am 14. Februar 1849. Neuere Untersuchungen gehen nicht von einer rein obrigkeitlichen Gründung aus, sondern sehen einen engen Zusammenhang mit den Ideen von 1848/49, was sich allein schon an der Überschneidung der Zugehörigkeiten zu Bürgerwehr und Feuerwehr ablesen lässt.[361] Henriette gab jedoch dank der Hinweise des Markgrafen wichtige, vielleicht entscheidende Impulse und förderte das Zustandekommen der Feuerwehr auch durch einen Zuschuss von 850 fl. aus ihrer Privatschatulle.[362] Außerdem ließ sie sich von einem Vertreter des Verwaltungsrats der Wehr über sämtliche Beschlüsse auf dem Laufenden halten.[363]

Das Frauenstift

In den 30er und 40er Jahren des 19. Jahrhunderts trat bei den Wohltätigkeitsbemühungen in Württemberg die Fürsorge für ältere alleinstehende Frauen auf den Plan. Ein Witwenhaus in Korntal machte von sich reden, dann aber auch ein 1846 im Christophsbad in Göppingen eröffnetes Frauenstift, das als Altersruhesitz für Alleinstehende aus überwiegend gehobenen bürgerlichen, teils auch adeligen Kreisen diente.[364] Als Dr. Landerer dort jedoch für 1852 die Eröffnung einer Heil- und Pflegeanstalt für Gemütskranke ins Auge fasste, musste man für die 22 Stiftsfrauen eine neue Bleibe suchen. Da Königin Pauline und Kronprinzessin Olga das Protektorat über die Anstalt hatten, erfuhr auch Henriette in Kirchheim von der Misere und vermittelte – obschon anfänglich dem Projekt reserviert gegenüberstehend – das zum Kauf angebotene so genannte Vogthaus in Kirchheim, das seit Jahrzehnten im Besitz des Amtspflegers Mutschler und dann seines Schwiegersohnes Gerichtsnotar Preu war, beide im Übrigen nacheinander seit 1818 persönliche Geschäftsführer Henriettes und mit dem Titel eines Hofrats versehen.[365]

Zum Umzug im April 1852 spendierte die Herzogin 200 fl. zum Einbau neuer Fenster und ließ sich bei der offiziellen Einweihung am 3. Juni alle Stiftsdamen vorstellen. Auch in der Folgezeit, den letzten viereinhalb Jahren ihres Lebens, bemühte sie sich um ihre Stiftsdamen und hielt persönlichen Kontakt zu ihnen, die ja in ähnlicher Lage wie sie waren. So gab es an Weihnachten großzügige Kaffee- und Kuchenspenden, zu den Geburtstagen der Königin und Kronprinzessin mit Champagner angereicherte Süßspeisen. Als Dank für die Wünsche zu ihrem eigenen Geburtstag wurden die Stiftsdamen dann zum Kaffee ins Schloss eingeladen. Auch bearbeitete sie zusammen mit ihnen Leinwandstoffe zur Herstellung von Verbandsmaterial für die russischen Soldaten im Krimkrieg. In besonderen Fällen übernahm sie Kur- und Krankenhauskosten für weniger finanzkräftige Bewohnerinnen. Nicht zuletzt unterstützte sie das Stift beim Erwerb eines Gartengeländes für die Seidenraupenzucht und den Gemüseanbau im Bereich des heutigen Teck-Centers.[366]

Nach dem Tod der Herzogin im Jahre 1857 verlieh Königin Olga im Februar 1874 dem Frauenstift den Namen »Henriettenfrauenstift«.

90 Jahre später erfolgte der Umzug in die Bismarckstraße 75, in absehbarer Zeit ist die Errichtung eines Neubaus im Bereich »Hafenkäs« geplant. Heute wird das offiziell als »Henriettenstift« bezeichnete, mittlerweile auch von Männern bewohnte Haus von der »Evangelische Altenheime in Baden-Württemberg gGmbH« getragen.[367]

Die letzten öffentlichen Aktivitäten – Suppenanstalt und Kirchheimer Töchter-Institut

Nach Missernten 1846 und 1847 kam es in Württemberg wie schon 1816/17 zu Hungersnot und einer unglaublichen Teuerung, was den Wohltätigkeitsverein und die Stadt veranlasste, Anfang 1847 wieder eine Suppenanstalt in Trägerschaft des Spitals in der städtischen Wollhalle einrichten zu lassen.[368] Nachdem diese Anstalt längst ihre Tätigkeit eingestellt hatte, zeigte sich im Winter 1853/54 erneut die Notwendigkeit der organisierten Massenspeisung. Nun errichtete Herzogin Henriette auf eigene Kosten eine Suppenanstalt, in welcher an allen Wochentagen Suppen an rund 250 Arme verabreicht wurden.[369] Auch durch Holzausteilung versuchte sie die Not zu lindern.[370]

Noch in ihrem letzten Lebensjahr engagierte sich die Herzogin nicht nur in der Hilfe für die Armen, sondern auch dort, wo sie gesellschaftliche Benachteiligungen sah. Schon seit einiger Zeit war in Kirchheim bemängelt worden, dass die Mädchen fast keine Chance auf höhere Schulbildung hatten, da sie die Kirchheimer Latein- oder Realschule nicht besuchen durften. So versuchten private Initiativen entweder Kurse in Realienfächern anzubieten oder eine Privatschulgründung zu wagen. Unter Leitung des Oberamtmanns Idler wurde Anfang der 1850er Jahre ein »Committee« zur Gründung einer höheren Töchterschule gebildet. Diese Schule, in der die Elementar- und Realfächer, »weibliche Arbeiten« und Französisch unterrichtet werden sollten, war als Pensionatsschule konzipiert und wurde 1853 eröffnet. Die Zuschüsse der Stadt waren jedoch so gering bemessen, dass die Schule schon 1855 keine tragfähige finanzielle Basis mehr hatte. Da rief man eine Aktiengesellschaft ins Leben, deren Aktionäre vor allem im Bereich der Kirchheimer Honoratioren und des Hochadels angesiedelt waren.[371] Henriette zeichnete den Höchstanteil von fünf Aktien in Höhe von je 100 fl., ebenso ihr Sohn Alexander aus Österreich. Tochter Elisabeth aus Karlsruhe erwarb vier Anteilsscheine, und wenig später ließ Königin Pauline anlässlich eines Besuchs in Kirchheim 100 fl. überreichen.[372]

Die Zeichnungsaktion war im Übrigen ein voller Erfolg, sodass man unverzüglich das Müllersche Haus an der heutigen Ecke Osiander-/Paradiesstraße erwerben konnte. Aber schon bald nach dem Tod Henriettes machten die hohen Schulgeldkosten und die Gründung von so genannten A-Klassen an den städtischen Volksschulen dem Unternehmen Sorgen, die letztlich durch die Zusammenlegung der städtischen Schuleinheiten mit der Höheren Töchterschule zu einer kommunalen Mädchenmittelschule im Jahre 1870 beseitigt wurden.[373]

Würdigung der Wohltätigkeit Henriettes

Wohltätiges Handeln war in der Geschichte der Menschheit nichts Neues. Auch in der Zeit der Geburt Henriettes, also im aufgeklärten Spätabsolutismus, gab es bei vielen Regenten Überlegungen, der Armut entgegenzusteuern, wobei man sich gerne mit Waisenhäusern, Arbeitshäusern und dergleichen befasste. Auch die Mutter Henriettes hatte als Landesmutter eines kleinen Fürstentums soziale Verantwortung gezeigt. Notzeiten und religiöse Verantwortlichkeit haben manche Wohltätigkeit angeregt.

Zu Beginn des 19. Jahrhunderts war es vor allem das Fürstentum Lippe-Detmold, auf das die deutschen Regenten, die Sozialreformer, die zeitgenössischen Literaten und alle wohltätig wirkenden Personen blickten. Selbst aus dem Ausland kamen Interessenten, um die Einrichtungen der Fürstin Pauline zur Lippe aus der Nähe kennenzulernen.[374] Diese Fürstin führte zu Beginn des 19. Jahrhunderts bald zwanzig Jahre die Regentschaft für ihren unmündigen Sohn und nahm die Armut und die schwere Hungerkrise in Lippe 1801/02 zum Anlass, eine Reihe von Sofortmaßnahmen, die damals teilweise neuartig erschienen, einzuleiten: nach Übernahme des Vorsitzes in der Detmolder Armenkommission die Einrichtung von Kornversorgungsanstalten und Suppenanstalten nach den Vorschlägen des englischen Grafen Rumford; unter dem Dach einer so genannten Pfleganstalt den Betrieb eines Waisenhauses, einer deutschlandweit ersten Kleinkinderbewahranstalt, eines freiwilligen Arbeitshauses zur Beschäftigung Arbeitsloser sowie eines Krankenhauses. Auch wurde bereits 1800 in Detmold eine Industrieschule (Erwerbsschule) eingeweiht, welche die Kinder ärmerer Leute vor allem aus der Landwirtschaft an praktische, im Alltag verwendbare Handarbeit heranführen sollte.[375] Diese Einrichtungen erinnern sehr an die in Württemberg und in Kirchheim Jahre später anzutreffende »organisierte Wohltätigkeit«. Auch verwundert es nicht, dass Fürstin Pauline eine große Anhängerin Pestalozzis war und die Triebkraft ihres sozialen Handelns im Glauben hatte, ohne jedoch der Erweckungsbewegung anzugehören.[376]

Man kannte diese Fürstin also in deutschen Landen, zumal sie in späteren Jahren viele Bildungsreisen unternahm. Im Oktober 1817 war sie im Kirchheimer Schloss mit Henriette zusammengetroffen.

Christel Köhle-Hezinger, die sich in ihren Forschungen mit weiblicher Wohltätigkeit und der Rolle der Frauen im Pietismus befasste, sieht in Württemberg eine ganz enge Verbindung zwischen der »organisierten« und der weiblichen Wohltätigkeit, seit sich Königin Katharina in der Zentralleitung des Wohltätigkeitsvereins engagiert hatte.[377] Sie schreibt: »Wohltätigkeit im 19. Jahrhundert war Konvention: weibliche Konvention für edle, höhere und höchste Damen von Stand, Bildung, Wohlstand. War es für sie Pflicht oder Schmuck oder religiöse Überzeugung, so war es – aus der Sicht der Rezipienten gesehen, von »unten« – auch gesellschaftliche Erwartung, der sie nachzukommen hatten; Fürstinnen ebenso wie Pfarrfrauen ... oder wie die Fabrikantengattin, die den Arbeiterkindern das »Christkindle« brachte, Kinderschule und Wöchnerinnen besuchte.«[378]

War Wohltätigkeit für Henriette gebotene fürstliche Pflichtübung, schöne Zierde oder religiöse Überzeugung? Es ist anzunehmen, dass die von ihrer Mutter im karitativen Tun »vorbelastete« Henriette durch viele spätere Erfahrungen Verständnis für wohltätige Maßnahmen entwickelte. Als nun in schlimmster Notzeit 1816 ihre Nichte und beste Freundin Katharina Pawlowna Königin von Württemberg wird und sich mit Verve für die Behebung der sozialen Missstände einsetzt, da kann und will sich eine so eng dem Königshaus verbundene Herzogin dem Erwartungsdruck von Stuttgart und auch den Erwartungen der Kirchheimer pietistischen Geistlichkeit, der Honoratioren und letztlich der Armen nicht entziehen.

Mit wenigen Handbewegungen und dem Beisteuern von etlichen Gulden konnte sie in Kirchheim als apanagierte Witwe einer Nebenlinie allerdings nichts durchsetzen. Es waren vielmehr ihre Persönlichkeit, ihre Überzeugungskraft, ihr Verhandlungsgeschick gefragt, um bei der »organisierten Wohltätigkeit« in einem oft langwierigen Willensbildungsprozess den erwünschten Erfolg zu erzielen, wobei auch ihre Spendierfreudigkeit und ihre einfallsreiche Rührigkeit im Spendensammeln gern in Anspruch genommen wurden.

Es ist kaum anzunehmen, dass dieses persönliche Ringen in so vielen Vereins- und Gründungskomitees selbstbezogen war. Gelobt und gerühmt zu werden war nicht ihre Sache. Ob diese Tätigkeit das Selbstwertgefühl der Witwe gehoben hat, ob sie völlig frei von menschlicher Eitelkeit war und nicht doch innerlich mit Stolz auf das Erreichte zurückblickte, wissen wir nicht. Stets dürfte jedoch die Freude im Vordergrund gestanden sein, Armen, Hilfsbedürftigen und Förderungswürdigen geholfen zu haben. Wenn ein Stuttgarter Theologe 1879 in einem Werk über die Innere Mission schrieb: *Herzogin Henriette übte die ausgedehnteste Wohltätigkeit in jener stillen, milden Weise, die nicht vor der Welt glänzt*[379], so wird man ihr eher gerecht. Denn es muss betont werden, dass die öffentlich dokumentierte Wohltätigkeit in Gestalt der oben skizzierten Einrichtungen nicht ihr ganzes sozialkaritatives Tun erfasst. Ständig war sie, auch ohne öffentlich Aufmerksamkeit zu erregen, mit barmherzigen Werken in Aktion.

Einem Biographen des 19. Jahrhunderts entnehmen wir beispielsweise, dass sie armen Leuten Kleidungsstücke für den Gottesdienstbesuch besorgte, armen Frauen zu Weihnachten warme Anzüge und Kranken Geld, Taschen- und Halstücher schenkte, ein Pflegekind aus Ungarn in Bönnigheim betreuen ließ, in früher Witwenzeit mit ihren Töchtern Arme zu Hause besuchte oder gelegentlich auch in der Kutsche mitfahren ließ, Pfarrern unterschiedlicher Provenienz Liebesgaben für Bedürftige schickte; des Weiteren eine Spitzenklöpplerin ins Schloss aufnahm, um deren Fertigkeiten an arme Mädchen weiterzugeben; den Hebammen von Kirchheim und Umgebung eine vernünftige Ausstattung spendierte; liebevoll mit ihrer Dienerschaft umging und im Schloss in Krankheit und Alter pflegen und zum Christabend großzügig beschenken ließ; vor Weihnachten die Kinder der Paulinenpflege zur Bescherung ins Schloss einlud; sodann einen Krankenverein und Frauenverein für verwahrloste Kinder (»Sechserverein«) mitgründete und in ihnen wie auch im Missionsverein und Armenverein mitwirkte. Sie ließ die entsprechenden Vereinsgremien im Schloss tagen, dort auch Geld und Naturalien sammeln und beseitigte immer wieder in aller Stille das Soll in der einen oder anderen Vereinskasse. Des Weiteren erfahren wir, dass sie viele gefährdete Kinder auf ihre Kosten in Rettungsanstalten und Familien unterbringen ließ; selbst im Alter das Spinnen am Rad erlernte, um das nachher Gewobene eigenhändig zu säumen und an Arme, Wohltätigkeitsanstalten oder den Missionsverein weiterzugeben; Decken für Altäre und Taufsteine stickte.[380]

Andere Quellen belegen, dass sie beispielsweise dem Kirchheimer Stiftungsrat ein Christusbild von Dannecker schenkte oder reich gestickte Festgedecke aus blauem und schwarzem Samt für Kanzel, Taufstein und Altar der Martinskirche stiftete,[381] einen größeren alttestamentarischen Bilderzyklus aus der Kirchheimer Schlosskapelle 1833 der neuen Notzinger Kirche vermachte, welche sie überdies mit beträchtlichen von ihr organisierten Lotterieeinnahmen im Bau unterstützte oder dass sie der Kirche in Schelklingen-Weiler 1851 einen Zuschuss von 100 fl. zur Renovierung gab.[382]

Bemerkenswert auch, wie sie sich für die früh verwitwete Tochter ihres verstorbenen Beichtvaters Dekan Pfeiffer einsetzte und ihr die Stelle einer »Kindsfrau«, also eines Kindermädchens mit eigener Kinderfahrung, beim Königspaar in Stuttgart vermittelte und nach zwölfjähriger Tätigkeit dann eines Tages in Kirchheim eine Wohnung auf eigene Kosten für sie einrichtete. Oder wie sie armen Jungen Ausbildungsstellen verschaffte und den späteren Dombaumeister des Wiener Stephansdoms, Friedrich von Schmidt, nach dem Tode seines Vaters mit einem Ausbildungsstipendium unterstützte.[383]

Erstaunen ruft auch hervor, wenn man in der Ludwigsburger Stadtgeschichte oder in Schriften über den Begründer der Wernerschen Anstalten liest, dass um das Jahr 1840 die Frau des Gründers der Wernerschen Kinderheilanstalt in Ludwigsburg zusammen mit einigen Frauen Weißzeug für die Anstalt nähte und die Leinwand dazu jahrelang von Henriette aus Kirchheim kostenlos zur Verfügung gestellt bekam.[384] Vermutlich sind auch andere Wohltätigkeitsanstalten so von Henriette versorgt worden.[385]

Diese Aufzählung kann keinen Anspruch auf Vollständigkeit erheben, zeigt aber, dass das Motiv, sich mit Wohltätigkeitslorbeeren zu schmücken, für die unaufhörlich wohltätige Herzogin keine wesentliche Rolle gespielt haben kann. Mit zunehmendem Alter scheint auch die stille Tätigkeit erheblich zugenommen zu haben.

Der Pflicht zur »organisierten Wohltätigkeit«, der sie anfangs und stellenweise von oben und von unten unterworfen war, gesellte sich – wiederum mit dem Alter fortschreitend – eine andere Pflicht zur Wohltätigkeit hinzu, die religiöse Pflicht, die religiöse Überzeugung. Der Exkurs über Henriettes Frömmigkeit hat eigentlich schon aufgezeigt, dass sie als fromme Pietistin eine »Überzeugungswohltäterin« aus dem Glauben heraus war. Liebe zum Nächsten und wenn er noch so armselig und gering war, tätige Werke der Barmherzigkeit waren für das Seelenheil unabdingbar, wobei sie immer meinte, zu wenig gegeben oder getan zu haben.[386]

Die fast vierzigjährige Witwenzeit in Kirchheim gereichte vor allem dieser Stadt und dem Umkreis zum Vorteil, weil in dieser Zeit ein vergleichsweise dichtes soziales Netz großenteils heute noch bestehender Einrichtungen durch Henriettes Engagement entstand. Man mochte sie, da ihre ungeheuchelte Barmherzigkeit und ihr natürlicher Umgang mit jedermann spürbar waren, und war stolz auf die Errungenschaften, die nicht einfach übergestülpt, sondern auch durch Beteiligung der Bürger erzielt worden waren.

TOD – BEISETZUNG –
HINTERLASSENSCHAFT

Zeitgenössische Biographen berichten, dass die alternde Henriette an zunehmender Korpulenz, Gichtbeschwerden, Unterleibsproblemen, Kurzsichtigkeit, Hustenanfällen und Kurzatmigkeit litt. Erhaltene Telegramme des Leibarztes und der Tochter Pauline belegen, dass sie im Juni 1853 von einem schweren Schlaganfall heimgesucht wurde und im Januar 1856 an einer schweren Lungenentzündung erkrankte.[387] Die Hofdame der Kronprinzessin Olga, Baronin Eveline von Massenbach, die damals für kurze Zeit nach Kirchheim gesandt wurde, da Henriette nach dem 1850 erfolgten Tod von Alexandrine des Echerolles keine Hofdame mehr bestellt hatte, spricht in ihrem Tagebuch jedoch von einem weiteren Schlaganfall, der alle Kinder und Enkel, ja sogar König Wilhelm nach Kirchheim eilen ließ.[388] Doch wider Erwarten überstand die alte Dame auch diesmal die schwere Erkrankung. Begeistert notierte von Massenbach: *Es war mir ein Hochgenuß, bei der lieben Greisin zu verweilen, welche, beinahe wieder zu Kräften gekommen, mich abwechselnd belehrte, heiter neckte und immer mehr in tiefster Anhänglichkeit fesselte. Wenn ich ihr vorlas, musste ich ins Hörrohr sprechen, dann verstand sie mich gut. Bei Tisch durfte ich »mon prochain«* [meinen Nächsten] *nicht vergessen. Dies war nämlich der sehr geschwätzige Papagei, der den Mahlzeiten anwohnte.*[389]

Doch es war danach offenkundig, dass die Herzogin geschwächt war und starke Schmerzen in den angeschwollenen Beinen hatte. An Weihnachten 1856, an denen auch ihre Enkelinnen Amalie und Claudine, die Töchter Alexanders zugegen waren, soll sie geäußert haben: *Es ist das letzte Mal!*[390] Seit kurzem konnte sie die Kutsche nicht mehr besteigen und – für sie fast noch schlimmer – den Gottesdienst in der Martinskirche nicht mehr besuchen.

Ihre Töchter Elisabeth aus Karlsruhe und vor allem Königin Pauline weilten oft in Kirchheim.[391] Nachdem der Neujahrstag 1857, immer noch in Gesellschaft ihrer Enkelinnen, ganz gut begonnen hatte, aß sie abends nichts, sprach wenig, betete noch und ließ sich kurz nach 21 Uhr ins Bett bringen. Da der Dienerschaft ein ungewöhnliches Verhalten auffiel, rief man noch den Arzt, der ihr Arznei verabreichte. Im Verlaufe der Nacht veränderten sich die Gesichtszüge, sodass die königliche Verwandtschaft in Stuttgart benachrichtigt wurde. In der Frühe traf die Königin mit ihrer Tochter Katharina ein.[392] Sie trafen die Königinmutter noch lebend an, jedoch unfähig sich mitzuteilen. Kronprinz Karl und Kronprinzessin Olga trafen erst eine Stunde nach dem Tod ein.[393]

Laut Kirchheimer Totenregister starb Herzogin Henriette am Freitag, dem 2. Januar 1857 um 11 Uhr an einem Hirnschlag.[394] Am Samstag, in der ersten Ausgabe im neuen Jahr vermeldete der Teckbote auf der Titelseite ausschließlich die Todesbotschaft und wies darauf hin, dass in der Morgenfrühe ein Zustand der Erschöpfung und Bewusstlosigkeit eingetreten sei, *in welchem die hohe Kranke ganz ohne Schmerz und Kampf, still und sanft zu Dem heimgehen durfte, den ihre Seele lieb hatte.*

Es war ein ungeheurer Paukenschlag zum Jahresbeginn. Als am Montag, dem 5. Januar, die einbalsamierte Herzogin zwei Stunden im offenen Sarg im Schloss aufgebahrt war, flankiert von den Stuttgarter Kammerherren Freiherr von Podewils und Freiherr von Röder, defilierten ungewöhnlich viele Stadt- und Oberamtsbewohner an ihrer geliebten Herzogin vorbei. Ebenso konnte die Martinskirche am Tag darauf die Menschen nicht fassen, die herbeigeströmt waren, den Trauergottesdienst um 13 Uhr mit Dekan Weitzel zu feiern. Am 7. Januar schließlich trafen die Mitglieder der königlichen Familie um 10.30 Uhr in Kirchheim ein, um im schwarz dekorierten großen Saal, dem heutigen Rundsaal, mit einem Trauergottesdienst im kleineren Kreis Abschied zu nehmen. Der Beichtvater der Herzogin, Prälat von Moser, hielt die Trauerrede. Die königliche und die herzogliche Familie knieten zum Abschied tränenreich am Sarg, bevor er geschlossen wurde und die Überführung in die Gruft des Hauses Württemberg in der Stiftskirche beginnen konnte.[395]

Die Teilnahme und Trauer der Bevölkerung war überwältigend. Am 7. Januar erschien auf den ersten zwei Seiten beispielsweise ein überschwängliches Gedicht des Pfarrers Meyding aus Neidlingen zu Ehren *der Mutter Kirchheims und des Kirchheimer Bezirks.* Der Schullehrer und Organist Balz musste Gedichte von Meyding und von Albert Knapp als Grablieder komponieren. Und welch bedeutender Persönlichkeit die letzte Ehre erwiesen wurde, spürte der Normalbürger auch am Trauerzeremoniell. Der Oberhofrat gab dazu Anordnungen, die den Ablauf minutiös regelten.[396]

Nach Beendigung des Trauergottesdienstes im Schloss wurde der Sarg von Mitgliedern des Kirchheimer Gemeinderats auf den Leichenwagen getragen. Der Leichenzug ging um 13 Uhr unter Glockengeläut und Trauermärschen aus Kirchheim ab, nachdem seit drei Tagen schon täglich dreimal eine halbe Stunde alle Kirchenglocken ertönt waren. Und es war ein stattlicher Leichenkondukt, der sich über Plochingen und Esslingen nach Stuttgart in Bewegung setzte. Am Anfang und am Ende jeweils eine Schwadron des 2. Reiterregiments, das Henriettes Gemahl Louis innegehabt hatte und das diesen 1817 nach Stuttgart zu seiner Beisetzung geleitet hatte. Darauf folgte ein Bereiter (Zureiter) in Uniform mit schwarzem Flor am Arm sowie zwei Reitknechte in schwarzer Kleidung und ein königlicher Stallmeister in Uniform. Dahinter wurde der Leichenwagen mit dem Sarg der Herzogin von sechs Rappen in schwarzem Geschirr gezogen. Zu jeder Seite des Wagens gingen zwei Reitknechte, die bei Einbruch der Dunkelheit Fackeln zu tragen hatten. Hinter dem Leichenwagen fuhr der von sechs Schimmeln gezogene, aber nur von je einem Reitknecht flankierte schwarz drapierte Wagen der zwei königlichen Kommissäre, Oberstallmeister Freiherr von Taubenheim und Minister von Hügel; dafür standen zwei schwarz gekleidete Hofbedienstete hinten auf dem Wagen, die jedoch in Kirchheim, Plochingen und Esslingen links und rechts vom Wagen gehen mussten. Die dann noch folgenden Wagen der königlichen Kammerherren und des Prälaten von Moser, des Dekans Weitzel, des Leibarztes Dr. von Hauff und des Geschäftsführers Hofrat Preu waren nicht mehr schwarz drapiert und die Pferde in gewöhnlichem Geschirr. Zwei Reitknechte mit Fackeln und eine Abteilung Reiterei beschlossen den Leichenzug, der bis an die Stadtgrenze wie auch in den berührten Gemeinden von vielen Menschen gesäumt und begleitet wurde.[397]

In Stuttgart-Berg schloss sich dem Zug und der von Anfang an begleitenden Reitereskorte der restliche Teil des von Oberst von Reischach kommandierten 2. Reiterregiments samt Musikabteilung an. Als der erheblich angewachsene Leichenzug über den unteren Schlossgarten und die Ludwigsburger Chaussee das Königstor erreichte, begannen in sämtlichen Kirchen die Glocken zu läuten; sie verstummten erst wieder, als man mit militärischem Spalier der drei Stuttgarter Infanterieregimenter über die Königstraße und die Stiftsstraße gegen 20.30 Uhr am Hauptportal der Stiftskirche angelangt war. Hier wurde der Sarg von 16 schwarz gekleideten Hofhandwerksleuten vom Wagen gehoben und unter Orgelmusik auf das Trauergerüst am Platz des Altars getragen. Sarg und Sargträger wurden von einem rund zwanzigköpfigen Empfangskomitee angeführt, das dann auch zu beiden Seiten des Trauergerüstes Aufstellung nahm, darunter der vorausgehende Hofbedienstete mit dem Trauerstab, der Ceremonienmeister, Adjutanten und Kammerherren des Königs, Kirchheimer Hofbeamte, die königlichen Kommissäre und die wichtigsten Geistlichen des Hofes und der Stadt sowie Prälat von Moser.[398]

Nachdem die königliche Hofkapelle den ersten Satz des Requiems von Jomelli gespielt hatte, hielt Oberhofprediger von Grüneisen die Trauerrede mit dem Leitsatz aus Johannes 11,25 »Ich bin die Auferstehung und das Leben« vor einer prominenten, in Trauergala erschienenen Trauergemeinde, deren Sitzordnung in der schwarz behängten und gedämpft beleuchteten Stiftskirche protokollarisch geregelt war. Im Fürstenstand saßen die Mitglieder des Königshauses – nicht jedoch der unpässlich gewordene 74-jährige König – und die weiteren Angehörigen, eingerahmt von den in der Kirche anwesenden Frauen; das diplomatische Corps und das Offizierskorps, Regierungsvertreter, die Mitglieder des ständischen Ausschusses und der Gemeinderat waren auf der Kanzelseite des Altars gegenüber dem männlichen Hofstaat untergebracht.

Nach der Rede von Grüneisens wurde der mit einem Palmzweig des Königs von Hannover geschmückte Sarg unter Trauerkantatenbegleitung der Hofkapelle in die Gruft getragen und in Anwesenheit eines Hof-

Der Sarg Henriettes in der Gruft der Stuttgarter Stiftskirche,
der früheren Grablege des Hauses Württemberg. Fotografie von 1947

richters und Hofkaplans vom Oberhofprediger eingesegnet. Nach Verlassen der Gruft sprach dieser ein kurzes Schlussgebet zur Beendigung der Feierlichkeit in der Stiftskirche.[399]

Herzogin Henriette war die vorletzte Angehörige des Hauses Württemberg, die in dieser ehrwürdigen und geschichtsträchtigen, aber langsam zu eng gewordenen Gruft mit mehr als einhundert Verstorbenen aus fast 600 Jahren beigesetzt wurde. 1847 hatte ihr Stiefsohn Adam und 1817 ihr Mann Ludwig hier die letzte Ruhe gefunden. Schon kurz nach dem Tod des Gemahls und dann anlässlich der Italienreise hatte sie für alle Fälle auch testamentarisch verfügt, dass sie – wenn die Gruft der Stiftskirche geschlossen werden müsste oder sie unterwegs sterben sollte – zu ebener Erde mit einem einfachen Grabstein am Sterbeort bestattet werden möchte.[400]

Nach dem Ende der Trauerfeierlichkeiten zeigte sich, dass das Eisenbahnzeitalter längst begonnen hatte: die königliche Eisenbahn-Commission setzte zwei Extrazüge von Stuttgart nach Plochingen und zurück für die Beförderung der Trauergäste ein[401]; eine Verbindung in Henriettes Sterbeort Kirchheim gab es erst im Jahre 1864.

Der König ordnete für seine Tante und Schwiegermutter eine Hoftrauer von zwölf Wochen mit zeitweiliger Schließung des Hoftheaters an. An den Stiftungs- und Gemeinderat der Stadt Kirchheim richtete er bereits am 12. Januar ein Dankschreiben für die *Theilnahme an dem schmerzlichen Verluste ... der durch das betrübende Hinscheiden Unserer Frau Schwiegermutter ... nach göttlichem Rathschluß über Uns und Unser Königliches Haus verhängt worden ist.*[402] Die Nachlassangelegenheiten regelte vor allen der herzogliche Geschäftsführer Hofrat Preu, der als Kirchheimer Gerichtsnotar das Metier des Testamentsvollstreckens bestens kannte. Er hatte dann auch den Schriftverkehr mit den erbberechtigten hohen Herrschaften in Stuttgart, Hannover, Oldenburg, Wien und St. Petersburg zu führen.

Festgestellt wurde unter Einschluss aller persönlichen Habe und Wertgegenstände eine Nachlass-Summe von immerhin 251.690 fl. Davon musste ein unter Oberaufsicht von Königin Pauline stehender Fonds in Höhe von 21.423 fl. an Pensionen und Unterstützungen, die Henriette bewilligt hatte, abgezogen werden.

Die Erbmasse wurde auf die fünf leiblichen Kinder von Henriette oder – wie im Falle der vorher schon verstorbenen Amalie von Sachsen-Altenburg und Maria Dorothea von Österreich-Ungarn – auf die Enkel verteilt.

Die größte Überraschung für die Hinterbliebenen und den Testamentsvollstrecker war das Kapital, das die sparsame Henriette seit Jahrzehnten bei der St. Petersburger Lombardbank angelegt und geheimnisvoll als ihren Spar-Pfennig bezeichnet hatte. Mit den aufgelaufenen Zinsen hinterließ sie dort immerhin 141.064 fl.[403]

Ausgehend von dieser Erbschaft wird in der niedersächsischen Landeshauptstadt Hannover bis heute das Gedächtnis an Henriette nachhaltig gepflegt. Denn auf Königin Marie, Henriettes Lieblingsenkelin, entfiel ein Kapitalanteil von fast 11.500 fl. – in Hannover damals rund 6.000 Taler. Die Königin hatte sich wohl früher schon bei der Großmutter über das segensreiche Wirken Fliedners und seit 1854 auch der Stuttgarter Diakonissen informiert. Sie nahm das Geld als Grundstock für eine Stiftung zur Gründung einer ersten Diakonissenanstalt in Hannover, der sie per Stiftungsurkunde den Namen Henrietten-Stiftung zum Gedächtnis ihrer wohltätigen Großmutter gab. Die 1860 gegründete Anstalt, die sich zunächst auch über Schenkungen des Königs, Spenden und Sammlungen ihr Überleben sicherte und sich nicht nur der Krankenpflege, sondern auch Kleinkinder- und Industrieschulen widmete, kam allein schon durch die preußische Annexion und das Exil des Königspaars 1866/67 in gewisse Schwierigkeiten. Die Stiftung besteht heute noch in Gestalt eines Schwesternschaften-Mutterhauses, diverser Kliniken, Altenzentren und Pflegeheime und beschäftigt derzeit rund 1.600 Mitarbeiter und 200 weitere in Tochtergesellschaften.[404]

In Würdigung der Leistungen der Henrietten-Stiftung und der vom Welfenhaus abstammenden Namensgeberin, der man bereits in 146 Jahresfesten gedachte, gab Hannovers Oberbürgermeister Schmalstieg am 10. Januar 2005 einer Stichstraße von der Gehägestraße auf das Gelände des ehemaligen britischen Militärhospitals den Namen Henriettenweg.[405]

HENRIETTE
IM URTEIL DER ZEITGENOSSEN

Es ist manches über »die Frau Herzogin«, wie man sie in Kirchheim und Umgebung nannte,[406] geschrieben worden, zumeist in Württembergs monarchischer Zeit mit damals üblicher untertäniger Verehrung. Doch spürt man auch heute noch allenthalben diese Verehrung. Und so wird man auch mit Fug und Recht die Personen zu Rate ziehen dürfen und müssen, die sie persönlich kannten und erlebten.

Am nächsten standen ihr natürlich die Familienangehörigen, die in meist erst später bekannt gewordenen Briefen und Erinnerungen ein absolut nicht schönredendes Zeugnis ablegen mussten. So schreibt der 53-jährige Sohn Alexander kurz nach dem Tode der Mutter an seinen früheren Erzieher Hoffmann, dass er zu Hause sowohl in der Jugend als auch im reifen Alter nach Kummer und Mühen Ruhe gefunden habe, in einem *Haus des Friedens, in dem der Geist der Versöhnlichkeit und Milde, der Wohltätigkeit waltete.*[407] Tochter Pauline bewies ihrer Mutter auch als Königin große Anhänglichkeit. Sie war es auch, welche die Mutter in den letzten Monaten vor dem Tode am häufigsten besuchte und sofort an das Sterbebett eilte.[408] Es ist belegt, dass Henriette selbst für ihren nie notwendig gewordenen Grabstein unter anderem die Aufschrift »Sie war eine glückliche Mutter« gewünscht hatte.[409]

Markgraf Wilhelm von Baden, ihr Schwiegersohn, empfand sie als liebe Mutter, und da er sie schon in der St. Petersburger Zeit Anfang des 19. Jahrhunderts kennengelernt hatte, als eine Frau *ebenso ausgezeichnet an Schönheit wie an Verstand.*[410]

Die Gouvernante der Prinzessinnen, Alexandrine des Echerolles, lobte Henriette in ihrer Mutterrolle in deutlichen, vielleicht etwas subjektiv gefärbten Worten: *Aufmerksam auf das Wohl ihrer Kinder, drang die Herzogin, mit dem Blick, der nur der Mutter gegeben, in ihre Herzen, um darin die köst-*

lichen Keime zu suchen und zu entwickeln, die Gott darin niedergelegt. Mit Liebe pflegte sie ihre entstehenden Tugenden. Unter ihrem Blick, der zu gleicher Zeit Schutz, Richter und Belohnung war, habe ich sie groß werden sehen, sich nach ihrem Muster bilden und dessen würdig werden. Die Französin hob aber auch ihre Schönheit und das Wohlwollen in ihren Gesichtszügen, den gütigen Ton, die von Herzen kommende Stimme, das hohe Maß an Herz und Seele in ihren Worten hervor – Eindrücke, die Frau von Echerolles auch im hohen Alter noch bestätigte.[411]

Der Staats-Anzeiger für Württemberg, zweifellos ein offiziöses Blatt, meinte in einem Nachruf wenige Tage nach ihrem Tode: Die Erinnerung an eine der gütigsten Fürstinnen und edelsten deutschen Frauen bedürfen keiner Auffrischung, ihr Gedächtnis ist durch ihr Wirken und Schaffen für alle Zeiten gesichert.[412]

Der Neuffener Arzt Albert Moll leitete zwei Jahre nach Henriettes Tod ein erstes ausführlicheres Lebensbild mit den Worten ein: Die nachfolgenden Blätter sollen dem Vaterlande einen fürstlichen Frauencharakter schildern, wie die Geschichte wenige kennt. Dieses Lebensbild, reich an äußerem Glanz, reich an geistigem Gehalt, reich an Tugend, reicher noch an Menschenliebe, hatte gleichzeitig die Fülle des Glückes, wie den Ernst und die Bitterkeit des irdischen Daseins gekostet. Wäre Henriette auch keine hochgestellte Fürstin wie sie es wirklich war, wir wären dennoch verpflichtet, sie um ihrer Tugenden willen der Nachwelt zu schildern, damit die Früchte ihres Wirkens von allen Nachgeborenen gekannt und ein Beispiel der eifrigsten Nachahmung werden.[413]

Dekan Ledderhose, der wenige Jahre später ein weiteres Lebensbild unter Verwendung der Ausführungen Molls, aber auch manches Briefwechsels schrieb, zitiert eine Angestellte des Meraner Kurbades, die von dem einstigen Kurgast Henriette begeistert war, mit dem Satz: Das ist 'ne Frau, der schaugt die Liebe Gottes zu den Augen 'raus![414]

Die Ersatz-Hofdame Eveline von Massenbach, die weiter oben schon mit Äußerungen über Henriette genannt wurde, empfand die Besuche bei der würdigen, lieblichen Matrone in Kirchheim als erquickend.[415]

Der mit Henriette befreundete Stuttgarter Stadtpfarrer Albert Knapp nannte sie in einem großen Nachrufgedicht eine *Herzensmutter, eine Fürstin von außen, Fürstin auch von innen* oder in seinen *Lebensbildaufzeichnungen eine der frömmsten und edelsten Frauen, die ich in dieser Welt kennen und verehren gelernt habe.*[416]

Ledderhose und später der Biograf von Königin Pauline, Adolf Palm, nannten sie *Armenmutter* oder *gute Armenmutter*, Finanzassessor Moser in seiner Oberamtsbeschreibung von 1842 eine Witwe, *welche durch ihren edelen Geist und mildthätigen Sinn … auch bei späteren Generationen ein dankbares Andenken sich gesichert hat.*[417]

Die württembergische Schriftstellerin Tony Schumacher erzählte in ihren Jugenderinnerungen von Besuchen ihres Vaters mit seinen Stuttgarter Prinzenschützlingen Friedrich und August, den Söhnen von Prinz Paul, im Kirchheimer Schloss: *Auch dorthin durfte Vater seine jungen Prinzen manchmal begleiten, und wenn er von dieser seltenen Frau sprach, so konnte er nicht fertig werden im Aufzählen all ihrer herrlichen Geistes- und Herzenseigenschaften. Vornehm durch und durch, trotz der kleinen, einfachen Verhältnisse, in denen sie lebte, erkannte sie ihre Pflicht als Fürstin darin, mit offenem Auge Menschen und Verhältnisse, die sie umgaben, anzusehen, sowie warmherzig und verständig in die Interessen der kleinstädtischen Bewohner einzugehen und opferfreudig, oft fast über ihr Können zu helfen, wo es nottat. Jetzt noch, nach Jahrzehnten, ist sie in der kleinen Stadt unvergessen.*[418]

Zweifellos könnte man noch viele ähnlich lautende Urteile über sie zusammentragen. Nicht übersehen werden sollen abschließend briefliche Äußerungen vom Königsfelder Bruder Weiz und von Pfarrer Dr. Barth, die lange Zeit mit Herzogin Henriette regen Kontakt und keinen ersichtlichen Grund für Lobhudelei nach ihrem Tod hatten.

So meinte Weiz: *Wer einmal mit dieser Fürstin in Berührung kam, der konnte den Eindruck ihrer Persönlichkeit nicht vergessen. Eine Fülle von vorzüglichen Eigenschaften des Geistes und des Herzens vereinigte sich in ihr und hätte sie in jeder Stellung des Lebens ausgezeichnet, sprach aber um so mehr an, weil sie bei ihrem hohen Stande so demütig war, dass man jenen oft vergaß. Sie war eine Perle des Kö-*

nigshauses, eine Mutter der Armen und Notleidenden, eine vieltätige Helferin in allen Werken zur Ehre Gottes und eine demütige, lebendig gläubige Jüngerin Jesu Christi.

Und Pfarrer Dr. Barth: Diese Vereinigung von Hoheit und Demuth, von Geistreichheit und Einfalt, von Nüchternheit und Eifer, von Milde und Ernst, findet sich nicht leicht wieder, und ist mir sonst nicht vorgekommen.[419]

DIE NACHKOMMEN

Henriette als »Urgroßmutter Europas«

Historiker und Genealogen geben Ahnfrauen lange bestehender Dynastien gern Beinamen wie »Schwiegermutter Europas« oder »Großmutter Europas«. Bezeichnete man die Schwiegermutter Henriettes, die preußisch-württembergische Prinzessin Sophie Dorothee mit ihren 13 teils bestens verheirateten Kindern als eine »Schwiegermutter Europas«, so wird Henriette mit nur fünf Kindern, bald zwanzig Enkeln und mehr als vierzig Urenkeln zur »Großmutter Europas«[420] oder noch treffender zur »Urgroßmutter Europas« oder des europäischen Hochadels – mittlerweile bis zum sechsfachen Ur- wie bei den spanischen Königsenkeln.

Zieht man die Stammtafeln des Prinzen zu Isenburg, Freytags von Loringhoven, Schwennickes, Sokops und das französische Werk von Huberty und andere über die deutschen Dynastien sowie die Genealogischen Handbücher des deutschen Adels (Abteilung Fürstliche Häuser) zu Rate, dann könnte man in Anlehnung an den Begriff der »Coburgisierung Europas« fast von einer »Henriettisierung« der europäischen Hocharistokratie sprechen. Es zeigt sich eine Fülle von direkten Abstammungslinien von Herzogin Henriette zu heutigen Häusern, mindestens 27 in Deutschland (davon acht allein in Baden-Württemberg), 15 zusätzlich in Europa sowie eine in Südamerika – Abstammungen, deren sich manche hochadeligen Häuser heute nur noch teilweise bewusst sind. Das ist nicht verwunderlich, da man früher mit so genannten agnatischen[421] Stammtafeln arbeitete, also nur männliche Blutsverwandte der männlichen Linien hervorhob und die weibliche Nachkommenschaft dabei vernachlässigte, obwohl sie für überregionale und europäische Allianzen ungemein wichtig war.

Schon die zahlreichen direkten Nachkommen Henriettes sind für den ungeübten Leser nicht immer einfach zu überblicken. Es wird daher in der nachfolgenden Darstellung versucht, durch die Untergliederung auf die fünf leiblichen Kinder Henriettes und den Verzicht auf eher verwirrende Details eine gewisse Übersicht zu geben. Außerdem wird darauf hingewiesen, dass die Nachfahren Henriettes selbstverständlich auch Nachfahren ihres Gemahls Ludwig und beide gemeinsam somit »Urgroßeltern der europäischen Hocharistokratie« sind.

Marie Dorothee (1797–1855) und ihre Nachkommen

Erzherzogin Marie Dorothee, Schwägerin und Tante der österreichischen Kaiser, war als »Palatinissa« zu einer Art Landesmutter für Ungarn geworden und hat ihre Aufgaben nahezu drei Jahrzehnte mit Bravour erfüllt: Sie erzog die angeheirateten Kinder liebevoll und war ihren fünf eigenen Kindern, von denen zwei früh verstarben, eine gute Mutter. Sie ließ den Nachwuchs wie im Ehevertrag vorgesehen vom katholischen Prälaten von Buda (Ofen) katholisch erziehen und trug viel zu einer außergewöhnlich glücklichen Ehe bei. Zudem stärkte sie das Nationalbewusstsein der Ungarn und bediente sich auch ihrer Sprache, blieb aber eine überzeugte Lutheranerin in einer erzkatholischen Monarchie. Für die ungarischen Protestanten war dies ein besonderer Glücksfall. Mit ihrem christozentrischen Denken, ihrem theologischen Wissen gepaart mit lebensnaher Einstellung und ihrer von Kirchheim mitgebrachten pietistischen Frömmigkeit wurde sie zur neuen Leitfigur, zur Protektorin, zum Schutzengel für sie und zur Gründerin der evangelischen Burg-Gemeinde im Bereich des Budapester Burgviertels.

Nachdem 1847 der Gemahl dieser christlichen und wohltätigen Frau gestorben war, wurde ihr entgegen dem Ehevertrag das Augarten-Palais in Wien als Wohnsitz zugewiesen, um die »Lutherische« besser unter Kontrolle zu haben. Als sie im März 1855 zu ihrer Tochter Elisabeth nach Budapest reiste, um dieser bei einer Geburt beizustehen, das Neugeborene aber nach wenigen Tagen starb, erkrankte sie an einer schweren Grippe und starb dort am 30. März 1855 an einem Gehirnschlag. Bestattet wurde sie wenige Tage später an der Seite ihres Mannes Joseph in der Palatinsgruft der Budapester Burg. Eine Dorotheenstraße in der Nähe des Palatin-Josephs-Platzes in Budapest erinnert heute an sie, wie auch

Erzherzogin Marie Dorothee von Österreich-Ungarn,
älteste Tochter von Henriette, im Alter von 30–35 Jahren

noch nicht vergessen ist, dass sie 1819 den Weihnachtsbaum in Ungarn eingeführt hat.[422]

Bedeutsam bleibt sie aber vor allem auch durch ihre Nachkommen. Genealogisch nennenswerte Nachfahren sind die Erzherzoginnen Elisabeth und Maria Henriette sowie Erzherzog Joseph. Am einfachsten darzustellen ist die Jüngste der Genannten, Maria Henriette (1836–1902), deren Vornamen Mutter und Großmutter würdigen. Aus der nicht immer glücklichen Ehe mit dem belgischen Kronprinzen und späteren König Leopold II. entstammen nur Töchter, von denen Klementine einen Victor Napoléon heiratete, so dass nun seit drei Generationen eine direkte Abstammungslinie zu den Napoleoniden bis zum heutigen Chef des Hauses, Jean-Christophe Napoléon, besteht.

Klementines Schwester Stephanie ging eine Ehe ein mit dem österreichischen Kronprinzen Rudolf, dessen früher Selbstmord in Mayerling im Jahre 1889 die Kaiserwürde und unter Umständen eine umfangreichere Nachkommenschaft verhinderte. So blieb es bei der erst 1963 verstorbenen Tochter Elisabeth, Trägerin des Namens ihrer kaiserlichen Großmutter »Sisi«, aber ohne Nachkommen.

Erzherzog Joseph (1833–1905) bekam den Vornamen seines Vaters, des Begründers der ungarischen Linie des Hauses Habsburg-Lothringen. Diese Tradition wurde in den folgenden fünf Generationen bei den Erstgeborenen der männlichen Linie bis zum heutigen Tag fortgesetzt: 1994 wurde der jüngste Erzherzog Joseph dieser in Berlin ansässigen Familie – der so genannten Josephslinie – geboren. Bemerkenswert ist, dass ein Joseph Franz durch seine Ehe mit der Tochter Anna des letzten Sachsenkönigs dafür sorgte, dass aus dieser Verbindung immerhin acht Enkel und 14 Urenkel des früheren Sachsenherrschers entstammen.

Aber auch eine Erzherzogin Margarethe aus dieser Habsburger Linie trug durch Heirat mit dem 8. Fürsten von Thurn und Taxis und durch ihre Nachkommenschaft dazu bei, dass Markgraf Maria Emanuel von Meißen als Chef des königlichen Hauses Sachsen, das Haus Thurn und Taxis seit 1952, die Kinder von Fürst Eberhard von Urach und damit Herzog Wilhelm Albert als Chef des Hauses Urach letztlich direkt von Herzogin Henriette abstammen.

Am schwierigsten in der Darstellung ist die Nachkommenschaft von Erzherzogin Elisabeth (1831–1903), der ältesten Tochter Marie Dorothees, da sie zweimal verheiratet war. Der ersten, sehr kurzen Ehe mit Ferdinand von Österreich-Este entstammte als einziges Kind die Tochter mit dem geschichtsträchtigen Namen Maria Therese, die an der Seite Ludwigs III. die letzte bayerische Königin wurde. Durch ihre 13 Kinder und eine Fülle von Heiraten ihrer Enkel und Urenkel stammt nicht nur die Königslinie des bayerischen Herzogshauses von ihr und Henriette ab, sondern eine Vielzahl in- und ausländischer Hochadelsfamilien: eine Linie der Erzherzöge von Österreich-Toskana bis zum 2001 in Glasgow geborenen Erzherzog Amadeo; die Nachkommen des nachgeborenen Herzogs Philipp (III.) von Württemberg; die heutigen Herzöge von Croy (Dülmen) und von Arenberg (Lausanne); die Prinzessinnen-Töchter des Herzogs Ferdinand von Kalabrien aus dem Hause Bourbon-Sizilien; die Kinder des Erbprinzen Alois von Liechtenstein, Erbgraf Erich von Waldburg-Zeil mit Nachkommen, Erbgraf Alexander aus dem Fürstenhaus von Quadt/Wykradt (Isny) und seine Kinder; die bayerische Linie der Grafen von Rechberg-Rothenlöwen und die Töchter des Grafen von Kuefstein; die Nachkommen des 1999 vom Markgrafen von Meißen als Herzog von Sachsen adoptierten Prinzen Alexander; und dann – fast exotisch – Prinz Luiz, der heutige Chef des früheren Kaiserhauses Brasilien (São Paulo) mit zahlreicher eigener Nachkommenschaft.

Durch die zweite Ehe Elisabeths mit Karl Ferdinand von Habsburg, Sohn des Siegers von Aspern und einer früh verstorbenen Henrietten-Nichte, kam über Sohn Friedrich die direkte Verwandtschaft zum Haus Salm (Salm, Salm-Salm, Salm-Kyrburg) sowie zum Haus Bourbon-Parma (unter anderem Herzog Karl von Kalabrien) zustande und über den anderen Sohn Karl Stephan diejenige zu den ursprünglich polnisch-litauischen Fürstenfamilien Radziwill und Czartoryski.

An die bedeutende Verbindung, die Elisabeths Tochter Maria Christina einging, wird heute noch in der Ville d'Hiver (Winterstadt) im südwestfranzösischen Arcachon erinnert, denn dort fanden sich Mutter und Tochter ein, um sich inkognito mit dem spanischen König Alfons XII. (Deckname: Marquis de Covadonga), dem zukünftigen Ehemann Maria

Christines, in der Villa Monaco zu treffen. Die Straße, in der die Erzherzoginnen wohnten, ist heute noch zu Ehren der späteren spanischen Königin benannt.[423]

Da Alfons XII. einige Jahre später plötzlich starb, als Maria Christine mit dem zukünftigen Thronfolger schwanger war, musste die Henrietten-Urenkelin viele Jahre die Regentschaft für ihren noch unmündigen Sohn führen. Über diesen späteren König Alfons XIII. geht die Abstammungslinie über den Grafen von Barcelona zum heutigen König Juan Carlos I., einem vierfachen Urenkel von Herzogin Henriette.

Die Nachfahren der Amalie (1799–1848)

Amalie hatte 1817 den Erbprinzen von Sachsen-Hildburghausen und späteren Herzog Joseph von Sachsen-Altenburg geheiratet. Wie erwähnt starb die wohltätige, aber wohl nicht sehr populäre Herzogin bereits mit 49 Jahren mitten in den Revolutionswirren am 28. November 1848 und wurde in der Gruftkapelle, später auf dem Friedhof in Altenburg beigesetzt. Nach dem Tod Amalies verzichtete Herzog Joseph zugunsten seines Bruders und dessen Nachkommenschaft auf die Regierung. Dem Paar waren zwar keine männlichen Thronerben beschieden, dafür aber vier das Kindesalter überlebende Töchter, von denen eine ledig blieb. Die drei Töchter Marie, Elisabeth und Alexandra belebten jedoch durch ihre Heiraten das europäische Beziehungsgeflecht erheblich.

Marie (1818–1907), Henriettes erste und Lieblingsenkelin, ehelichte 1843 den künftigen König Georg V. von Hannover. Der Erstgeborene erhielt den Namen Ernst August, einen Namen, der seither jedem männlichen Erstgeborenen im Hause Hannover gegeben wird. Die Kinder des heutigen Welfenherzogs Ernst August sind fünffache Urenkel von Henriette. Über die früherenWelfenprinzessinnen Alexandra und Marie Luise sind außerdem der letzte, 2001 verstorbene, Mecklenburg-Schweriner Erbgroßherzog Friedrich Franz (V.) sowie sein 1996 verstorbener Bruder Herzog Christian Ludwig und dessen Töchter Nachkommen, aber auch

Herzogin Amalie von Sachsen-Altenburg,
zweitälteste Tochter Henriettes, im Alter von ca. 35 Jahren

das Haus Baden seit Markgraf Berthold direkte Nachfahren Henriettes geworden.

Elisabeth (1826–1896) heiratete 1852 den künftigen Großherzog Peter von Oldenburg und legte den Grundstein für die direkte Abstammung des Hauses Oldenburg bis dato. Da eine Oldenburger Herzogin namens Altburg die Frau des Fürsten Josias von Waldeck-Pyrmont wurde, gilt das gleiche für den heutigen und die zukünftigen Fürsten dieses Hauses.

Alexandra (1830–1911) wurde 1848 Gemahlin von Großfürst Konstantin Nikolajewitsch, einem nachgeborenen Sohn des Romanow-Zaren Nikolaus I. Die Kinder Wera (1854–1912) und Olga (1851–1926) sorgten über ihre Nachkommen für eine direkte Abstammung des heutigen Fürstenhauses Schaumburg-Lippe sowie im Falle Olgas, der späteren Königin von Griechenland, für eine direkte Linie zu sechs griechischen Königen von Konstantin I. bis zum 1967 exilierten Konstantin II.

Über Prinzessinnen sowie Prinz Andreas aus diesem griechischen Königshaus ergab sich ebenso eine weit verzweigte, direkte Nachkommenschaft. So sind besonders zu nennen: Königin Sophia von Spanien, Ex-König Michael von Rumänien und seine Töchter, Prinz Alexander als heutiger Chef des Hauses Jugoslawien mit seinen drei Söhnen, der 2005 verstorbene Graf Lennart Bernadotte von der Bodenseeinsel Mainau, nicht zuletzt auch der Prinzgemahl der Königin von England, Herzog Philipp von Edinburgh.

Die Nachkommen
Königin Paulines von Württemberg (1800–1873)

Die drittälteste Tochter Pauline hatte 1820 den württembergischen König Wilhelm I. geheiratet und blieb trotz meist nicht sehr glücklicher 44 Ehejahre bis zum Tod des Monarchen 1864 seine pflichtbewusste Ehefrau. Nach fast neunjähriger Witwenzeit, die sie teilweise auch im schweizerischen Seefeld bei Rorschach verbrachte, starb sie am 10. März 1873 in Stuttgart und wurde in der Gruft des Ludwigsburger Schlosses begraben.

Sie brachte 1823 den so lange ersehnten Thronfolger Karl zur Welt, der aber kinderlos blieb. Die beiden Töchter Katharina und Auguste heirateten und leiteten über ihren Nachwuchs direkte Abstammungslinien vom Königshaus und von Herzogin Henriette ein.

Die jüngere Auguste (1826–1898), selbst verheiratet mit Prinz Hermann von Sachsen-Weimar-Eisenach, freute sich über die Verbindung ihrer wiederum Pauline geheißenen Tochter mit Großherzog Karl August von Sachsen-Weimar-Eisenach, aus der sich bis zum heutigen Tag das frühere Großherzogshaus einschließlich der Familie Brena ableitet, aber auch weibliche Abkömmlinge des Hauses Hohenzollern-Sigmaringen. Ehrensache ist es, Augustes Tochter Olga zu erwähnen, die ihrem Ehemann Prinz zu Isenburg und Büdingen einen Sohn gebar, den wir als den großen Genealogie-Professor Wilhelm Karl Prinz zu Isenburg, den Begründer des berühmten Stammtafelwerkes, kennen.

Die ältere Katharina (1821–1898) war mit dem württembergischen Prinzen Friedrich verheiratet, und ihr Sohn war der letzte württembergische König Wilhelm II. Dieser Urenkel Henriettes gab seine einzige Tochter Pauline dem Erbprinzen von Wied zur Frau. Da 1993 Herzog Friedrich, der älteste Sohn im Hause Württemberg, Prinzessin Marie von Wied heiratete und sowohl männlicher wie weiblicher Nachwuchs sich einstellte, wird in dieser Nachwuchsgeneration eines Tages wieder eine direkte Abstammung des Hauses Württemberg von Herzogin Henriette gegeben sein.

Die genealogische Entwicklung durch Königin Pauline führte dazu, dass ihre Mutter Henriette letztlich mit allen vier Königen Württembergs verwandt war und sie auch alle persönlich bestens kannte: Ursprünglich war sie nur Schwägerin König Friedrichs I. und Tante Wilhelms I., dann wurde sie auch Schwiegermutter des letzteren und Großmutter des Thronfolgers und späteren Königs Karl sowie 1848 auch Urgroßmutter des letzten Königs Wilhelm II.

Königin Pauline von Württemberg,
drittälteste Tochter von Herzogin Henriette,
von 1820 bis 1864 Gemahlin König Wilhelms I. von Württemberg

Die direkten Nachfahren der
Markgräfin Elisabeth von Baden (1802–1864)

Der Ehemann Elisabeths, Markgraf Wilhelm, Präsident der badischen Ständekammer, verstarb am 11. Oktober 1859 mit 67 Jahren, die ebenfalls fromme und wohltätige Elisabeth mit 62 Jahren am 14. November 1864. Beide wurden in der Gruft der evangelischen Stadtkirche zu Karlsruhe bestattet. Wegen der Kriegszerstörungen im Bereich der Stadtkirche wurde das Paar 1946 in das Mausoleum im Schlosspark umgebettet.

Henriettes jüngste Tochter Elisabeth hatte vier Kinder mit dem Markgrafen, einem Bruder des regierenden Großherzogs Leopold. Da eine Tochter früh verstarb, eine andere ledig blieb und die dritte kinderlos mit dem Fürsten Woldemar von Lippe verheiratet war, ist genealogisch allein Leopoldine (1837–1903) interessant.

Sie wurde die Frau des Fürsten Hermann von Hohenlohe-Langenburg, Chef des Hauses und späteren Statthalters der damals deutschen Reichslande Elsass-Lothringen in Straßburg. Damit stammt die führende Linie von Hohenlohe-Langenburg mittlerweile in der vierten Generation direkt von Leopoldine und in der sechsten Generation von Henriette ab.

Durch Einheiraten weiblicher Angehöriger dieser Linie in andere Häuser stammen blutsmäßig ebenfalls direkt ab: das Herzogshaus Schleswig-Holstein-Sonderburg-Glücksburg, das Fürstenhaus Leiningen (Amorbach/Bayern), bis 1945 das Haus Reuss Jüngere Linie, über Herzogin Woizlawa sogar bis in unsere Tage. Da der Chef des Hauses Hohenzollern-Sigmaringen eine Tochter des Fürsten Karl von Leiningen heiratete, sind auch der hohenzollerische Erbprinz und seine Nachkommen sowie sein Bruder direkt mit Elisabeth von Baden und damit Henriette verwandt.

Elisabeth
Herzogin von Würtemberg

Herzogin Elisabeth von Württemberg,
spätere Markgräfin von Baden, im Alter von 25–27 Jahren –
sie ist die jüngste Tochter von Herzogin Henriette

Herzog Alexander (1804–1885) und seine kleine, aber bedeutende Nachkommenschaft

Alexander war der jüngste Spross der Herzogin Henriette und der einzige männliche. Er hatte – wie weiter oben geschildert – von der ungarischen Adeligen Claudine Rhédey drei Kinder: Claudine, Amalie und Franz, alle ursprünglich im Grafenstand von Hohenstein. Genealogisch von Bedeutung ist nur Sohn Franz (1837–1900).

Wie Vater Alexander trat auch Sohn Franz in kaiserliche Dienste. Der Rittmeister, am Kaiserhof als »der schöne Ulan« bekannt, durfte unter anderem Kaiserin »Sisi« bei Schiffsreisen begleiten. Auch in England war man inzwischen auf den charmanten, dunkelhaarigen, jedoch armen Grafen aufmerksam geworden, der 1863 von König Wilhelm I. in den Stand eines Fürsten von Teck erhoben worden war. Königin Victoria suchte für ihre schon etwas in die Jahre gekommene korpulente Cousine Mary Adelaide einen Mann.[424]

Werbung und Vorstellung in London verliefen erfolgreich. Nach der Hochzeit im Jahre 1866 stellte sich im Mai 1867 der erste Nachwuchs ein. Mary oder »May«, wie das Maienkind auch genannt wurde, heiratete 1893 den späteren König Georg V. Zu ihrer Deszendenz zählen alle folgenden britischen Monarchen von Edward VIII. und Georg VI. bis zu Königin Elisabeth II. und ihren mutmaßlichen Nachfolgern Charles und William. Königin Elisabeth II. ist schlichtweg die Ur-Ur-Urenkelin von Herzogin Henriette.

Alexander hat diese höchst bedeutsame Verbindung ins englische Königshaus nicht mehr miterlebt, wohl aber 1863 die Erhebung seines Sohnes Franz zum Fürsten und 1871 zum Herzog von Teck sowie das Heranwachsen seiner britisch-deutschen Enkel – neben Mary der Enkelsöhne Adolphus, Francis und Alexander, die teilweise heute noch Nachkommen haben, im Mannesstamm jedoch erloschen sind.

Der pensionierte General Alexander, der nach dem frühen Tod seiner Frau nicht mehr heiratete, bekam zu seinem achtzigsten Geburtstag von

ALEXANDER
Paul Ludwig Constantin
Herzog von Württemberg.

Herzog Alexander, der einzige Sohn von Henriette, als Kavallerieoffizier

Kaiser Franz Joseph das Großkreuz des Stefanordens, die höchste damalige Auszeichnung der k. u. k. Monarchie, verliehen. Bei einem Aufenthalt im Kaiser-Franz-Josefs-Bad Tüffer (heute Laško in Slowenien) starb er am 4. Juli 1885, wurde nach Wien überführt und am 9. Juli in einem großen Trauerkondukt seines 11. Husarenregiments auf den protestantischen Friedhof Matzleinsdorf geleitet und in Anwesenheit des Kronprinzen Wilhelm, der den württembergischen König Karl vertrat, bestattet. Mit seinem Neffen König Karl und dessen Frau Olga war Herzog Alexander sehr familiär umgegangen; in Briefen finden wir die Anrede »Lieber Karl!« und am Briefende »Grüße an Olly«. Wären Alexander und sein Sohn Franz durch die Heirat von 1835 nicht von der Thronfolge ausgeschlossen worden, so hätten sie 1880 nach Kronprinz Wilhelm Platz 2 der Thronfolge erreicht mit der denkbaren Auswirkung, dass von 1921 bis 1981 den männlichen Nachkommen des Herzogs Franz die Chefposition des Hauses Württemberg hätte zufallen können.[425]

RESÜMEE –
DIE PERSÖNLICHKEIT DER HERZOGIN HENRIETTE

Als im November 1848 Robert Blum, ein radikalrepublikanisches Mitglied der Paulskirche, in Wien erschossen wurde, prangerte ein enttäuschter Revolutionsanhänger den Mangel an patriotischem Gefühl in Kirchheim an und schrieb am 2. Dezember 1848 im örtlichen Amts- und Intelligenzblatt (später Teckbote): *Wie könnte dies aber auch in dieser Miniatur-Residenz anders sein, wo Exliberale, Aristokraten, Hofisten und ängstliche Neutralisten von der Volkspartei sich absondern und lieber einem barbarischen Windischgrätz und Jellachich*[426] *einen Toast für ihre Raubzüge gegen Freiheit und Eigenthum ausbringen, einen Märtyrer für die Freiheit aber wie Robert Blum es war […] einen Rebellen und Freischarenhäuptling heißen.*

In dieser Miniatur-Residenz lebte umgeben von »Hofisten« zweifellos eine Herzogin »von Gottes Gnaden«[427], welche das damalige Herrschaftssystem als gottgegeben und die Revolutionen von 1789, 1830 und 1848 als politische Verirrungen ansah, eine Herzogin, die der demokratischen und republikanischen Idee nicht gerade geneigt war und verständlicherweise Frankreich als Schauplatz von Königshinrichtungen verabscheute.[428] Wir wissen wenig von Henriette in den 1848er Revolutionsjahren, da sie sich wohl nicht oder kaum in die Politik einmischte. Einer mündlichen Überlieferung kann jedoch entnommen werden, dass ein revolutionär angehauchter Hafnermeister, der im Schloss die Öfen reinigte und wartete, nach 1849 den Auftrag entzogen bekam.[429]

War sie bei aller persönlichen Bescheidenheit für den Normalbürger nicht eine auf Staatskosten hoch dotierte Fürstin mit Nebeneinkünften aus dem lettisch-russischen Würzau, eine königliche Hoheit, die kostenlos in einem Schloss wohnte, von »dienstbaren Geistern« umsorgt war und deren Mann einer der größten Schuldenmacher Württembergs, ja Europas war und viele unschuldige Geldgeber, Handwerksleute und

Henriette als ältere Großmutter

Lieferanten erheblich geschädigt und ruiniert hatte oder zumindest auf deren Kosten lebte? Wusste sie von den Machenschaften des Mannes in ihren früheren Jahren tatsächlich nichts?[430] Dachte sie nie daran, dass die großzügigen Schenkungen des preußischen Königs in Schlesien und Südpolen und die Überlassung des Guts in Würzau wenige Jahre vorher anderen Herrschaften von Preußen bzw. Russland weggenommen worden waren?[431] Manche mögen auch fragen, ob das soziale Engagement einer vielleicht nicht immer ausgelasteten, jedoch gut versorgten Herzogswitwe und Königinmutter mit einer Hinterlassenschaft von einer beachtlichen Viertelmillion Gulden überhaupt als große persönliche Leistung einzustufen ist.

Jeder Mensch ist in seinen verschiedenen Lebensabschnitten unterschiedlich und manchmal widersprüchlich zu beurteilen, erst recht unter Berücksichtigung der Zeitläufe, in die hinein er versetzt ist. Wer wollte einer nassauischen Fürstin, die in aristokratischem Milieu wie selbstverständlich groß geworden ist und die Folgen der Französischen Revolution in jungen Jahren teils am eigenen Leib erlebt hat, verübeln, dass sie Abneigung gegen solche umwälzenden Vorgänge empfand und in einer gewissen politischen Naivität die Auswüchse der Französischen Revolution mit Demokratie und Republik gleichsetzte. Warum sollte eine junge, unpolitische Fürstin mit fünf Kindern damals Schenkungen und Überlassungen von bedeutenden Monarchen an ihren Mann hinterfragen und die Lebensgrundlage der Familie schmälern? Und wer wäre an ihrer Stelle nicht aufgebracht und traurig über eine revolutionäre Entwicklung gewesen, in deren Folge eine Tochter starb, ein Schwiegersohn abdankte, eine Tochter mit ihrem Gemahl vorübergehend aus dem Land fliehen mussten, ein ungarischer Stiefenkel sein Palatinat und seine Heimat verlor und eine Reihe von Verwandten bis hin zu König Wilhelm I. gefährliche Monate durchlebte.

Über die Motivation der Wohltätigkeit Henriettes ist bereits an anderer Stelle ausführlich nachgedacht worden. Wichtig für die Zeitgenossen und die Nachwelt waren und sind das fruchtbare Wirken auf sozialem Gebiet über Jahrzehnte und die damit verbundene Vorbildfunktion. *Adel verpflichtet*, sagt man so schnell hin. Dass es auch anders sein konnte, zeigte allein schon Henriettes Mann Louis, der sich nicht verpflichtet fühlte, anderen zu helfen, sondern sich herausnahm, auf Kosten anderer zu leben.

Kein König hätte seine Verwandtschaft zwingen können, Gutes zu tun oder gar lebenslänglich sich mit Überzeugung für die Armen und Benachteiligten der Gesellschaft einzusetzen. Die Menschen-, Kinder- und Tierfreundin Henriette[432] handelte nicht aus Gefälligkeit, um Vorteile und Machtpositionen zu erlangen, sondern in Verantwortung für die Mitmenschen und auf der Suche nach einem gnädigen Gott, durchaus auch mit Gewissensbissen, ob sie denn nun wirklich genügend getan hatte[433]

Es fällt auf, dass man über Henriette kaum nachteilige Urteile und Äußerungen findet. In kritischer Zeit beschwerte sich ihr Mann einmal, dass er von ihr nicht mehr richtig geachtet werde.[434] Etliche Jahre später deutete der Herausgeber der Memoiren von Ex-Königin Katharina von Westfalen an, dass diese gegenüber ihrem Vater Friedrich I. von ihrer so innig geliebten und verehrten Tante Henriette in einer allerdings heiklen Situation nicht unterstützt und erheblich enttäuscht worden sei.[435] Mehr Kritisches ist bisher nicht zum Vorschein gekommen.

Mag man den Äußerungen der Zeitgenossen noch eine gehörige Portion Respekt vor der Obrigkeit und wohlwollende »Hofberichterstattung« unterstellen, so haben auch spätere Verfasser bis zum heutigen Tag ein durchgehend wohlwollendes Bild von Herzogin Henriette gezeichnet. Aussagen wie *eine der besten Frauen ihrer Zeit* oder *der Stolz der Kirchheimer*[436] oder: *Selten wird man über eine Frau ... ein so übereinstimmend rühmendes Urteil vernehmen,*[437] sprechen für sich. Und wenn der spätere Biograf der Tochter Pauline von Henriettes vorbildlichen *feinen Empfindungen des Taktes, des Mitgefühls, der Opferfähigkeit, des Edelmuts ... welche mehr adeln, als die Vorrechte der Geburt*[438] spricht, so nimmt auch ein heutiger Theologe mit einer Charakterisierung *Blaues Blut, von Gott geadelt* eine ähnliche Einschätzung vor.[439]

Überhaupt fällt auf, dass sich nach Henriettes Tod überwiegend Theologen mit ihr befassten – allzu verständlich bei ihrer Frömmigkeit und ihrem »Christentum der Tat«. Auch Paul Sauer, der moderne Biograf der württembergischen Könige, hob mehrfach die weltoffene, geistvolle, wohltätige, vier Königsgenerationen verbindende Henriette als *guten Geist der Familie* hervor und schrieb ihrem so volkstümlichen königlichen Urenkel Wilhelm II. ein von ihr vererbtes Naturell zu.[440]

Nicht unerwähnt bleiben soll, dass die weltoffene und zugleich patriotisch gesinnte, souverän und zugleich bürgernah auftretende Herzogin auch Aufmerksamkeit für die Entwicklung der Landwirtschaft und die Industrialisierung samt Ausstellungen und Festen, aber auch für die Seidenraupenzucht im Kirchheimer Oberamt und die medizinische Heilkunde zeigte, wie überhaupt ihre Anteilnahme an den gesellschaftlichen Zuständen nicht nur wohltätiges, sondern zu einem beachtlichen Teil auch kulturelles, bildungspolitisches Engagement war.[441]

In der Stadt Kirchheim unter Teck, die im Grunde der blamablen Verschuldung und Residenzverbannung des Herzogs Louis den Kontakt mit Henriette verdankte, ist die Erinnerung an die langjährige Wohltäterin stets präsent geblieben.

Erst waren es Kirchheimer Bewohner, Hofbedienstete und Hoflieferanten, von Henriette einst Unterstützte und Geförderte samt deren Nachkommen, soziale Trägervereine und Einrichtungen, die Stadt- und Oberamtsveraltung sowie kirchlich-pietistische Kreise, die ihr Wissen und ihre persönlichen Erinnerungen weitergaben. Dann sind ihren Namen tragende Institutionen wie das Henriettenstift sowie alle von Henriette initiierten und heute noch bestehenden Einrichtungen zu nennen; aber auch die Lehrkräfte der Schulen, die lokalgeschichtlichen Seiten des Teckboten, die Beiträge zur Heimatkunde des Bezirks Kirchheim unter Teck, die Schriftenreihe des Stadtarchivs Kirchheim unter Teck, die Heimatbücher von Carl Mayer und Werner Frasch sowie das für 2006 vom Stadtarchiv angekündigte, wissenschaftlich aufbereitete Buch zur Stadtgeschichte Kirchheims. Auch landeskundliche Fernsehsendungen des Südwestrundfunks, das Städtische Museum mit Erinnerungsstücken aus dem Biedermeier, die Kirchheim-Info mit Stadtführungen und Messeauftritten, die Herausgabe einer silbernen Henrietten-Gedenkmünze durch die Volksbank im Jahre 1985 und viele Jubiläumsfeiern von sozialen Einrichtungen haben Anteil an der Erinnerungspflege.

Außerdem wurde 1945 die während der nationalsozialistischen Zeit in Leo-Schlageter-Straße umgetaufte frühere Lindorfer Straße in Henriettenstraße umbenannt.[442] Der an dieser Straße in den 1950er Jahren errichtete Kindergarten erhielt – dem Kirchheimer Brauch entsprechend – den Namen Henrietten-Kindergarten. Zur Festigung des ehrenhaften Platzes im Gedächtnis der Bewohner und Besucher der Stadt Kirchheim trug 1985 auch die Einrichtung von restaurierten Fürstenzimmern im ehemaligen, langjährigen Wohnschloss der Herzogin bei. Die auf Betreiben des Autors und des Oberkonservators Dr. Merten vom Land Baden-Württemberg (»Schlösser und Gärten«) eingerichteten musealen Räume wurden 1997 um fünf weitere Räume erweitert, sodass mittlerweile zu gewissen Zeiten fast die gesamte Beletage – allerdings auch mit Empire-Ausstattung aus der Zeit der Franziska von Hohenheim – mit und ohne Führung besichtigt werden kann.[443]

Manche mögen in Henriette eine interessante und keinesfalls »verstaubte« Urgroßmutter Europas sehen, andere eine »Mutter der Armen«, wieder andere einen »leuchtenden Stern in der Geschichte der Stadt«, ja fast eine säkulare Ortsheilige[444] – fest steht, dass aus der in Kirchheim(bolanden) neben der Allee-Straße[445] geborenen unscheinbaren Prinzessin eine an der Alleenstraße in Kirchheim unter Teck gestorbene populäre und hoch geschätzte Herzogin geworden ist; eine Herzogin mit einem faszinierenden Lebenslauf, beachtlichen sozialen Verdiensten und genealogischen Beziehungen zum Großteil der europäischen Hocharistokratie, mithin eine Herzogin, die im württembergischen Kirchheim unter Teck auch ohne in Stein gemeißelte Büste bis heute fast eine »denkmalsgeschützte Person«, ein Mythos geblieben ist.

ANHANG

Anmerkungen

Häufiger benutzte Abkürzungen:
A) Archive: HStAS = Hauptstaatsarchiv Stuttgart, HHStAW = Hessisches Haupt-
staatsarchiv Wiesbaden, HZAN = Hohenlohisches Zentralarchiv Neuenstein,
StAL = Staatsarchiv Ludwigsburg, AHW = Archiv des Hauses Württemberg Alts-
hausen, LKA = Landeskirchliches Archiv Stuttgart, StadtA Ki = Stadtarchiv Kirchheim unter Teck
B) Tageszeitungen/Periodika: HkKi = Beiträge zur Heimatkunde des Bezirks Kirchheim unter Teck, TB = Der Teckbote/Kirchheim unter Teck (u. Vorgänger)
C) Währung: fl. = Gulden
D) Allg.: Anm. = Anmerkung, ders. = derselbe, ebd. = ebenda, Hg. = Herausgeber,
kgl. = königlich, pass. = passim (allenthalben), s. = siehe, S. = Seite, vgl. = ver-
gleiche

1   HHStAW Abt.160 Nr. 1402; Huberty (Nassau XXI 30)
2   Huberty (Nassau XX); Repertorium Geisthardt-Schreiter im HHStAW
3   Histor. Kommission (Regierungsakten ... 1803–1814) S. 4; Demandt S. 274 f.
4   Döhn S. 231 f.
5   Ebd.
6   Ders. S. 176; Even S. 66 f.
7   Döhn S. 232; Even S. 68 f
8   Döhn S. 233
9   Huberty (Nassau XXI 20–30)
10 Ebd.
11 Huberty (Nassau XX 16); Cuno S. 133
12 Moll S. 131
13 Mannheimer Geschichtsbl. 10/1910 Spalten 197 ff.
14 Moll S. 140, 149
15 Mannheimer Geschichtsbl. 5+6/1910 Spalten 138 ff.
16 Wie Anm. 13 Spalten 200 f.; Döhn S. 197, 273 ff.; Köchel Nr. 26–31 (op. IV/1–
op. VI/6)
17 HHStAW Abt. 130 II A 1288 Nr. 89
18 HHStAW Abt. 160 Nr. 1311 und 1402
19 Moll S. 131
20 Ebd.; Huberty (Nassau XXI und XXII); Döhn S. 312
21 Schlossberger (Briefwechsel...) Bd. III, S. 23
22 Taddey S. 646
23 Maiwald S. 203; Döhn S. 312

24 Maiwald S. 204 ff.

25 Ders. S. 207 f.

26 Ders. S. 209; s. auch Anm. 22

27 Döhn S. 312, 320

28 Ders. S. 204

29 Ders. S. 324

30 Maiwald S. 210

31 Ders. S. 211; Staatsarchiv Marburg Best. 6a Nr. 2908 sowie 4f Nassau-Weilburg 215 – Die Quelle gibt nur den Zeitpunkt und Hanau an. Altstädtisches Schloss wahrscheinlicher, da Sommerresidenz Philippsruhe damals noch im Hanau-Vorort Kesselstadt und zudem im Herbst/Winter nicht beheizbar.

32 Hessen S. 296, 558

33 Ders. S. 163 f.

34 Maiwald S. 211

35 Ders. S. 212

36 Ders. S. 221 sowie Gagern S. 65; Rössler S. 66

37 Gagern S. 65; Schliephake S. 517; Müssel S. 129

38 Meyer, Ch. S. 151 f.; Hartung S. 65 ff.

39 Wühr (Die Emigranten ...) S. 145

40 HStAS G 246 Bü 3 und G 248 Bü 2; Bachmann S. 18

41 HStAS G 248 Bü 1

42 Müssel S. 132

43 Stadtarchiv Bayreuth (Trauregister der Stadtkirche Bayreuth 1797)

44 HStAS G 248 Bü 1 und G 246 Bü 33; Quellenangabe gilt auch für die nachfolgenden Ehevertragsbestimmungen und Notifikationen.

45 Lorenz S. 343

46 Ders. S. 284 ff.; Brummer S. 89, 95

47 Brummer S. 99, 101 f., 112

48 Ders. S. 124

49 Ders. S. 117; Lorenz S. 286; Sahler (Notes ...) S. 169 ff.

50 Brummer S. 117 sowie Sauer (Der schwäb. Zar) S. 24

51 Golovkine S. 37 f

52 Lorenz S. 287, 343; Sauer (Der schwäb. Zar) S. 35

53 Priesdorf, Teil III S. 171; Sauer (Der schwäb. Zar) S. 37

54 Sahler (Princes et ...) S. 40 f

55 Ders. S. 84; Lorenz S. 295

56 Sahler (Princes et...) S. 84 ff.

57 Bütterlin S. 226 f

58 Ders. S. 224 ff.; Lorenz S. 345

59 Montbrison S. 175

60 S. Anm. 57 sowie Alexander S. 155

61 Bütterlin S. 227; Sauer (Der schwäb. Zar) S. 79

62 Montbrison S. 172

63 Gielgud S. 40 (in Übersetzung des Autors)

64 Brummer S. 124 f.; Bütterlin S. 227

65 Brummer S. 128

66   Schwennicke NF Bd. I, 2 Tafel 264 B; Gritzner (Standeserhebungen ...) S. 824

67   Bütterlin S. 229 f.; Lorenz S. 343; HStAS G 247

68   Hartung S. 65 f

69   Brummer S. 126 f

70   Sahler (Princes et ...) S. 121 (in Übersetzung des Autors)

71   Ders. S. 131

72   Lorenz S. 347, 365; Huberty (Nassau XXII); s. auch Reghely S. 169 f.

73   Lorenz S. 365; Skaletz S. 9; Reghely S. 170 f.

74   Lorenz S. 345; HStAS G 287 sowie G 246 Bü 34; Anm.: Nach Brummer S. 131 sind die Güter vom preuß. König geschenkt worden. Donationsurkunde liegt derzeit nicht vor.

75   Priesdorf S. 172; Brummer S. 131

76   HStAS G 287

77   Müssel S. 135

78   Priesdorf S. 172; Hartung, Anmerkungen S. 66

79   HStAS G 246 Bü 34

80   Hübsch S. 157; Maiwald S. 221

81   HStAS G 246 Bü 34

82   S. Herzogl wirt. Adressbücher, pass.

83   HStAS G 246 Bü 3

84   Vgl. Schiemann S. 61; Dietel S. 281

85   Lorenz S. 310

86   Ders. S. 349; HStAS G 291

87   HStAS G 292; LKA D 2 88, 1; AHW 1: 246/4 Bü 325; Stökl S. 407 ff.

88   HStAS G 248 Bü 2; Moll S. 134

89   Moll S. 135; Württ. Hofkalender; Gritzner (Handbuch ...) S. 412 ff.

90   Moll S. 136; Sauer (Der schwäb. Zar) S. 243; Bock S. 98

91   Moll S. 135

92   Diese teilweise neuen Erkenntnisse ergeben sich aus a) HStAS A 21 Bü 836 (Örtlichkeit Eutin und Größe des Gefolges) b) Internet-Regestausgabe Briefe an Goethe Regest-Nr. 5/223 (Henriette ist darin zwar mit einem Fragezeichen versehen; es gab um diese Zeit aber keine andere württ. Herzogin in Hamburg oder Eutin), (Quelle: www.ora-web.swkk.de) c) Prühs S. 167, 171, 176 u. 197 sowie mündl. Hinweise H. Langenfeld/Eutin (Ausführungen zu Tischbein, Goethe und Schlosser)

93   HHStAW Abt. 212 Nr. 4866 Blatt 38; Moll S. 135 f.

94   Nr.1 und 7 des gedruckten Verzeichnisses der Kurgäste im Fürstlich Nassau-Usingischen Baadhause zu Baad-Ems aus Dienstbibliothek HHStAW Wiesbaden sowie HHStAW Abt. 212 Nr. 4866 Blatt 65

95   Sauer (Der schwäb. Zar) S. 226 ff.; Schlossberger (Die Entzweiung...) S. 179 ff.

96   Die allg. Entwicklung kann kurzgefasst bei Taddey oder bei Sauer (Der schwäb. Zar) nachgelesen werden. Dies gilt auch für weitere Ausführungen ähnlicher Art.

97   Spielmann S. 254 f.; Schoppet S. 122; Schüler S. 156

98   HStAS G 246 Bü 3 sowie A 21 Bü 836; Veit S. 38; Fritz (Schloss Ludwigsburg ...) S. 222 f.; Wais S. 464 f.; Bergan S. 16 ff.

99   Kgl. Reg.blatt v. 12. März 1807; Starklof S. 43

100 Sokop S. 30; Palm S. 41 – Anm.: Fritz (Schloß Ludwigsburg …) spricht auf S. 192 aber auch von einer kleinen Ehekrise des Königspaares.

101 Kgl. Reg.blatt Nr. 22 v. 28.4.1807

102 StadtA Ki B 2175 Teil 275 S. 15; Echerolles Bd. II, S. 218 ff.; diverse Jahrgänge der kgl. Hofhandbücher

103 Leinert S. 28

104 Württ. Landesmuseum Stuttgart Bd. 1.2, S. 901; HStAS G 246 Bü 5

105 Raabe S. 37

106 Ders. S. 37 f.

107 Vgl. Warrack, pass.

108 Weber S. 167 ff.

109 Warrack S. 71; Weber S. 133 f.

110 Weber S. 151 f.

111 Veit S. 45 Anm.65

112 Vgl. Mörike, pass.

113 Jähns S. 93 f.

114 Warrack S. 82 f.

115 ders. S. 71

116 Leinert S. 35 ff.; s. Anm. 104 S. 905

117 HStAS G 246 Bü 4, 5 sowie E 63/1 Bü 14; Weber S.173; Leinert S. 36

118 Veit S. 46; vgl. Anm. 104 S. 905

119 Schlossberger (Briefwechsel) Bd. I, z.B. S. 93, 112, 118; Lorenz S. 313

120 Schlossberger (Biefwechsel) Bd. I–III + (Correspondenz); sowie Du Casse

121 Sting Bd. I S. 519

122 Schlossberger (Briefwechsel) Bd. I S. 122, 131 sowie Bd. III S. 65

123 HStAS G 246 Bü 33 (Fasc. III) in Verbindung mit G 248 Bü 2; Angaben zur Ver-äußerung von Stadtarchivar Nimsch/Kornwestheim nach dem Orts- und Markungs-buch des Christian Lober.

124 S. Früh S. 234 f.

125 Sauer (Der schwäb. Zar) S. 100 f.

126 Schlossberger (Briefwechsel) Bd. III S. 22 f.

127 Ders. S. 38

128 Ders. S. 50

129 Niebuhr S. 242; HStAS G 248 Bü 2 (zu Brief v. 5.1.98)

130 Decker-Hauff in Fernsehsendung v. 3.7.84, 20.15 Uhr; s. auch Schlossberger (Briefwechsel) Bd. III, S. 104 (Äußerung des Königs)

131 Overmann S. 350 ff.; Schwäbischer Merkur v. 9.10.1808 (danach Henriette be-reits in Erfurt)

132 S. »Erfurt in seinem …« S. 128

133 Schlossberger (Briefwechsel) Bd.III, S. 90 ff. sowie Schlossberger (Die Ent-zweiung…) S. 179 ff; Schlossberger (Polit. Korrespondenz …) S. 82 f., 249 f.; Kirchei-sen (Fürstenbriefe …) S. 220 f.; s. auch Anm. 79

134 S. Anm. 132 S. 125; Scheibe Bd. 17,1 S. 467 u. 469; Landsberg S. 169, 177; Nachruf in Staatsanzeiger für Württ. v. 17.1.1857; Schlossberger (Briefwechsel) Bd. III S. 92

135 Schlossberger (Briefwechsel) Bd. III, S. 67, 78; Weber, S. 163

136 HStAS E 63/1 Bü 4 sowie G 246 Bü 3, 4, 5; Weber S. 170

137   HStAS E 63/1 (insbesondere Vorbemerkung) sowie G 246 Bü 4, 34 u. A 21 Bü 836
138   Schlossberger (Briefwechsel) Bd.I S. 298 und Bd. III S. 148, 150; Bailleu (Brief-wechsel) S. 512 f.
139   Schlossberger (Briefwechsel) Bd. III S. 159; HStAS G 246 Bü 34 sowie E 63/1 Vorbemerkung; Sauer (Im Dienst des ...) S. 141
140   Schlossberger (Briefwechsel) Bd. III S. 148 und Bd. I S. 308, 312, 317
141   Sauer (Im Dienst des ...) S. 140 ff.; HStAS G 246 Bü 33, 34
142   HStAS G 246 Bü 33/Fasz. I sowie Bü 4
143   S. Anm. 141
144   Sauer (Im Dienste des ...) S. 140, 142
145   S. Briefe bei Du Casse S. 52 f., 55, 57; Schlossberger (Briefwechsel) Bd.III S. 168, 170 (Nachtrag)
146   HStAS G 246 Bü.23; Sauer (Im Dienste des ...) S. 143; Niebuhr S. 243
147   HStAS G 246 Bü 34
148   HStAS G 275 Bü 14 (Findbuch)
149   HStAS G 246 Bü 23 und E 13 Bü 64; Staatsarchiv Ludwigsburg (StAL) E 234 Bü 1818 und F 61 Bü 384; StadtA Ki Totenregister; Mylius S. 243
150   S. Schwäb. Merkur v. 24.4.1811 und 16.4. ff.
151   StadtA Ki B 589
152   HStAS G 246 Bü 23 und E 63/1 Bü 19
153   Schlossberger (Briefwechsel) Bd. III (Nachtrag) S. 168 f., 176; HStAS G 248 Bü 2
154   Schlossberger (Briefwechsel) Bd. III (Vorrede) S. VII
155   Kgl. Reg.blatt; Benz Jg.1811; HStAS G 285
156   HStAS G 246 Bü 33/Fasz. III sowie E 63/1 Bü 16
157   HStAS G 246 Bü 34 sowie Vorbemerkung E 63/1
158   Kgl. Reg.blatt vom 3.12.1811 u. Schreiben des Königs v. 12.11. in HStAS G 246 Bü 33
159   HStAS G 246 Bü 3, 33/Fasz. I, 34
160   HStAS G 246 Bü 34,35 und E 63/1 (Vorbemerkung); StadtA Ki R 5068
161   HStAS G 246 Bü 34
162   HStAS G 246 Bü 33
163   HStAS G 246 Bü 25, 33, 35, 49; Kgl. Reg.blatt von Württemberg v. 28.10.1818
164   Größenverhältnisse s. Widmer S. 46 und Köhler S. 215 sowie Sting Bd.II S. 513
165   Sindele (Chronologische Geschichte ...) S. 29 f., 32; StadtA Ki A 39
166   HStAS G 246 Bü 34 und E 63/1 Bü 56; StadtA Ki R 5068
167   HStAS E 63/1 Bü 56
168   Ebd.; StadtA Ki R 5068
169   StadtA Ki R 5068
170   HStAS G 246 Bü 33 und E 14 Bü 117; Sigel, pass.
171   StadtA Ki R 5068; Moll S. 153
172   HStAS E 63/1 Bü 56; StadtA Ki R 5068
173   Binder S. 26; Schieckel S. 281 (modisches Turnen mit Turngerüsten)
174   HStAS G 246 Bü 23 sowie G 281 Bü 1 und A 21 Bü 836 (z. B. Anwesenheit in Kirchheim am 1.10.1813, Anfang Juli 1814, 1.11.1814, 4.3.1815 ...)
175   HStAS G 246 Bü 24 – Anm.: alle nachfolgenden Ausführungen zu Ackerknecht beziehen sich auf diese Akte.

176 Nach StadtA Ki B 1020/1022 + Häuserliste Reichelt/Widmer wohl Marktstr. 32

177 Anm. zu Mystizismus: eine Geisteshaltung, die sich dem Geheimnisvollen, Mystischen zuwendet und sich der Verstandeserkenntnis entzieht. König Friedrich I. war ein entschiedener Gegner mystischer Bewegungen, denen teil- und gebietsweise auch Pietisten zugeordnet wurden.

178 Du Casse S. 8, 177; Schlossberger (Briefwechsel) Bd. II S. 215; v. Brusselle-Schaubach S. 23, 31 f.; Reiner S. 81 u. Hinweise von Herrn Reiner

179 HStAS G 246 Bü 23

180 Ebd.; Spielmann S. 262

181 HStAS G 246 Bü 23

182 Ebd.; StadtA Ki R 5068

183 HStAS G 246 Bü 23 und G 287; StadtA Ki Konfirmationsregister; Palm S. 43 ff.

184 Sauer (Der schwäb. Zar) S. 451 f.

185 HStAS G 287; vgl. Spemann S. 105 (Erbprinz am 15.8.1816 bei Dannecker)

186 Vgl. Lorenz S. 315, 349 und Huberty (Nassau XXII)

187 HStAS G 287

188 Ebd.

189 S. StadtA Ki Heiratsregister

190 HStAS G 287

191 HStAS G 246 Bü 23

192 Ebd.

193 StadtA Ki R 5068; Gerhardt, O. S. 6 f.

194 StadtA Ki R 5068

195 HStAS G 246 Bü 25; HZAN Kl. Nachlässe La 149 Bü 15; StadtA Ki Totenregister; Ledderhose (Henriette) S. 16

196 HStAS G 246 Bü 25; Starklof S. 644

197 StadtA Ki R 5068; Bach/Lotter S. 67, 205; Wais S.542; Anm.: der abgegangene Gasthof würde heute schräg gegenüber Restaurant Maredo liegen.

198 HStAS G 246 Bü 25; Fritz (König Wilhelm) S. 163

199 S. Hartmann, J. S. 220

200 HStAS G 246 Bü 25; vgl. auch HZAN La 149 Bü 15; Lorenz S. 347

201 HStAS G 285 Bü 1

202 HStAS G 248 Bü 2; StadtA Ki R 5068

203 Niebuhr S. 243

204 HStAS E 14 Bü 117

205 AHW Vorsignatur 1:248/1

206 HStAS E 14 Bü 117

207 Vgl. Fritz (König Wilhelm) S. 172, 174

208 HStAS G 248 Bü 2; Anm.: Nach sehr vagen Schätzungen dürften die 42.000 fl. in Kreditbriefen an eine halbe bis eine Mill. EUR heranreichen.

209 HStAS G 248 Bü 2 (Tgb. Henriette); Noack S. 5

210 HStAS G 248 Bü 2 (Tgb. Henriette) – Zur Beachtung: Auch wenn diese Quelle nicht immer erwähnt wird, beruhen die folgenden Ausführungen darauf! – Anm.: Auch die 16-jährige Prinzessin Elisabeth hat über die Reise ein relativ ausführliches Tagebuch geführt. Es ist im Hohenlohischen Zentralarchiv in La 149 Bü 11 archiviert.

211 HStAS E 14 Bü 117; HZAN La 149 Bü 11

212 G 248 Bü 2
213 Ebd.; Kölle S. 167 (Anm.: Hôtel d'Europe zählte zu den beiden besten Adressen)
214 HStAS G 248 Bü 2; Hagen, A. S. 224 ff.; Sauer (Reformer) S. 409
215 Hagen, A. S. 224 ff.; HZAN La 149 Bü 15
216 Artaud Bd. 2, S. 539 ff.; Hagen, A. S. 226
217 Bach, M. S. 127
218 Uhde S. 143 ff.
219 Ebd.
220 HStAS G 248 Bü 2 (Briefe Mylius)
221 Ebd. (Tgb. Henriette)
222 Ebd.
223 Bock S. 104; Lindemann S. 87 ff.; Oehler S. 30 ff.
224 Vgl. Schwäb. Merkur (Mitteilung v. 18. Okt.); Schwäb. Chronik vom 29.10.1818;
s. auch Morgenstern S. 11
225 Bisherige Ausführungen über Rückreise nach HStAS G 248 Bü 2 (Tgb. Henriette
+ Briefe Mylius)
226 Malan S. 98
227 Moll (Bildersaal) S. 141 – Anm.: Mylius sieht das in G 248 Bü 2 gerade umge-
kehrt!
228 HStAS E 55 Bü 66; Oehler S.34 ff.
229 HStAS E 55 Bü 66
230 HStAS G 285 – Anm.: Das Nadelgeld von Henriette betrug nach StadtA Ki R
5068 hingegen nur 3000 fl.
231 HStAS E 55 Bü 66
232 Ebd. – Anm.: Beim »Saal« kann nur der sog. Rundsaal (früher auch Achtecksaal
genannt) gemeint sein. Vgl. dazu auch StadtA Ki B 589 Nr. 53 (Kirche zugleich Magazin); s. auch Anm. 285
233 Ebd.
234 Alle vorstehenden Angaben nach HStAS E 55 Bü 66 und teilweise Oehler S. 37,
40 f., 43 sowie Schwäb. Chronik/Schwäb. Merkur v. 23. – 29.8.1818
235 StadtA Ki Taufregister v. 1819
236 Palm S. 54 ff.; Sauer (Reformer ...) S. 202 f.; HStAS G 271 Bü 1
237 Palm S. 55 ff.; HStAS G 271 Bü 1
238 HStAS G 291 Bü 1; HZAN La 149 Bü 13; Benz Jg. 1820
239 HStAS E 14 Bü 117; Koenig-Warthausen S. 220 (Angaben zu Spielgefährten)
240 Ebd. (HStAS)
241 Ebd. (HStAS)
242 Vgl. Kgl. Regierungsblätter und Hofhandbücher der entsprechenden Jahre
243 HStAS E 14 Bü 4 und 117; Verhandlungen der Standesherren 1826/Heft I S. 2
244 HStAS G 248 Bü 2; Oehler S. 56
245 Sauer (Reformer ...) S. 205
246 HStAS G 248 Bü 2 und E 55 Bü 465
247 Schoeppl S.182
248 Ders. S. 170 ff.
249 HStAS G 248 Bü 2; Oehler S. 59

250 HStAS G 248 Bü 2; Erläuterungen zu Gais vgl. Meyers Ausgabe 1895; Heyde (Wunderbad) S. 84, 96 (Hinweise zu Boll)

251 HStAS E 14 Bü 4

252 HStAS G 248 Bü 3

253 StAL E 234 Bü 1818 und F 61 Bü 384; Sindele (Chronologische Geschichte …) S. 23 – Anm.: Die Bilder von Peters sind teilweise in der Staatsgalerie Stuttgart (Album der Königin Olga), in der Graphischen Sammlung der Württ. Landesbibliothek, im Delfter Museum (Album der Königin Sophie der Niederlande), teils auch im Privatbesitz.

254 Sauer (Reformer …) S. 206

255 Schwab S. 8

256 S. Kgl. Reg.blatt 1829 S.192

257 Württ. Jahrbücher 1830 1. Heft S. 21

258 HStAS G 291 Bü 2

259 S. Anm. 257

260 HStAS G 291 Bü 3

261 Ebd.

262 Obser S. 21

263 Vgl. Sauer (Reformer …) S. 205 ff.

264 Lorenz S. 349; Altenburger Hauskalender 1936 S. 109 f. – Anm.: Die Amalienschule ist heute eine Berufsschule, nebenan befindet sich der Kindergarten (Mitteilung der Stadtverwaltung Altenburg v. 7.11.05)

265 Weech (Biographien …) S. 27 und Weech (Karlsruhe …) S. 256, 312 f.; StAL F 176 II Bü 24; Württ. Jahrbücher 1849; Real S. 71, 112

266 Borst S. 225 f.; Schwäb. Merkur 22.5.1849; Palm S. 101 f.; Kallee S.31; Sting Bd.II S.

267 Vgl. Oehler S. 40, 107; Wacker, P. S. 277

268 Moll S. 144, 156; Ledderhose (Henriette) S. 26, 64; Sindele (Chronologische Geschichte …) S.25; zu Hauff auch Grabrede in StadtA Ki und Kilian (Ehrenbürger) S. 156; nach TB v.23.7.1949 soll Henriette mit Hauff auch nach 1841 noch eine Reise nach Wien unternommen haben.

269 HStAS E 55 Bü 468; Meyer, G. (Weiz) S. 124; Schnürer (Briefe …) S. 73, 117

270 Wurzbach Teil 57 S. 246 f.; Hackländer (Roman …) S. 124 ff.; Hackländer (Bilder Soldatenleben) Bd. 1 S. 240 und Bd. 2 S. 94; Rüstow S. 255

271 Fernsehsendung »Frauen aus dem Hause Württemberg« mit Prof. Decker-Hauff am Dienstag, 3.7.1984 im damaligen S 3; Decker-Hauff TB 24.12.1958; Lorenz S. 349 f.

272 Lorenz S. 350 ff.; Huberty (Württemberg XVIII) S. 509

273 Die zahlreichen Geburten, Todesfälle und Heiraten lassen sich aus den Stammtafeln von Sokop und Schwennicke, dem Lexikon des Hauses Württemberg entnehmen; vgl. auch genauere Angaben bei Anm. 421

274 Ebd.

275 Moll S. 145, 156 sowie Hinweise zu den Enkeln bei Ledderhose (Henriette) S. 22, Uhland (Tgb. Massenbach) S. 26 und Moll S. 145

276 Niedersächsisches Hauptstaatsarchiv Hannover Dep. 103 II Nr. 102/104

277 TB v. 27. und 30.10.1852, Württ. Jahrbücher 1852/1855; Mayer S. 116; StAL F 179 II Bü 3795

278 Württ. Jahrbücher 1853; HStAS G 248 Bü 3

279 TB v. 20.2.1982

280 Vgl. Moser, R. S. 187 f; AHW 1: 248/2 Bü 329; Gottlieb S. 88

281 S. Anm. 11, 43, 44

282 TB Jub.ausgabe 1932 S. 11

283 S. StadtA Ki R 5068; StadtA Ki Liste Dinkel F 32/0 (Pfarrer); Palm S. 44

284 Palm S. 44

285 S. StadtA Ki B 589 (Raum 53): Kirche zugleich Magazin mit Kasten, Tafeln, Tischen, Bett ... sowie Verschenken der Bilder aus Schlosskapelle an Notzinger Kirche im Jahre 1833; Trauung im »Saal« s. Anm. 252; Aderbauer S. 147 f.

286 Vgl. dazu die Schriften von Beyreuther, Lehmann, Hermelink

287 S. Lehmann S. 71; Hermle S. 60 f.; Hermelink S. 230

288 Anm.: Die Hungersnöte von 1816/17 waren auf eine Missernte 1816 zurückzuführen. Diese wiederum war die Folge einer Klimaverschlechterung mit langen Kälteperioden und Regenfällen, ausgelöst vom Ausbruch eines indonesischen Vulkans.

289 Brandes S. 27 ff.; Kübler S. 174 ff; Lehmann S. 172 f.

290 Ledderhose (Henriette) S. 34 f.

291 Hengstenberg S. 78; Unseld S. 12; Landenberger S. 244 (zit. Satz + fröhl. Christentum)

292 Hermelink S. 370 f.; Hermann S. 49; Buck S.99; Klein S. 181

293 Lebensbild A. Knapp S. 219 f.

294 Brandes S. 32

295 Ledderhose (Henriette) S. 60

296 Ebd.

297 Landeskirchliches Archiv (LKA) D 2 Nr. 88,1+2 – Viele der kleinformatigen Briefchen sind mit Bleistift geschrieben, da Henriette wegen Gicht lange Zeit nur mit Bleistift schreiben konnte (s. Ledderhose S. 121). Der Briefwechsel mit Knapp ist in wesentlichen Teilen bei Ledderhose (Henriette) S. 35 ff. transkribiert.

298 Hermelink S. 370 ff.

299 Hermann Heft II S. 49; Ledderhose (Henriette) S. 35

300 Moll S.147; Ledderhose (Henriette) S. 85; StadtA Ki Taufregister; LKA A 27 Nr.3516

301 S. allg. zu Barth: Werner, K.: Christian Gottlob Barth

302 S. allg. zu Weiz: Meyer, G.: Johann Conrad Weiz

303 Ebd. S. 114, 140; Heyde (Königsfeld) S. 17

304 Moll S. 147; Landenberger S. 244; www.bautz.de/bbkl (zu Anna Schlatter-Bernet) – Anm.: Der Biblizismus will eine rigoristische Bibelauslegung im Wortsinn.

305 Buck, Fr. S. 100; Ledderhose (Henriette) S. 101

306 Ising (Briefe Bd.3) S. 485, 546, 548 f. sowie Bd. 4 S. 430 – Anm.: einen ersten Hinweis auf diese Rolle Henriettes verdankt der Verf. Herrn Dr. Dieter Ising, dem Herausgeber dieser Briefe

307 Ledderhose (Henriette) S. 22 f., 54; Hermann Heft II, S. 51; Seume S. 109; nach AHW 1: 246/4 Bü 25 forderte Louis z. B. 1803 aus Leipzig Wielands schön gebundene Werke via Seeweg nach St. Petersburg an.

308 Ledderhose (Henriette) S. 54, 59 f.

309 StadtA Ki F 32/0 (Liste Dinkel – Stichwort Baer, Wilhelmine)

310 Kübler S. 176

311 Werner S. 168

312 Ledderhose (Henriette) S. 33

313 Jung-Stilling S. 281

314 StadtA Ki A 343

315 Sting Bd. II S. 13

316 StadtA Ki R 4566 – Anm.: lokale Vereine im Herbst 1816 z.b. in Esslingen, Ulm (s. Blätter der Wohlfahrtspflege 114/1967, S. 73 ff.)

317 StAL E 191 Nr. 21

318 StadtA Ki R 4566

319 Ebd.

320 Ebd.; StadtA Ki R 4591; HkKi Heft 3/1966 S. 13 ff. (o.V.)

321 StAL E 191 Nr. 21, 2538, 2726

322 StadtA Ki R 5068

323 Frasch S. 267

324 Kübler S.176; StadtA Ki R 4566, R 2954

325 Peters S. 10; LKA- DA Kirchhheim 631

326 Voelter S. 83 ff.; Weller, A. S. 119 f.

327 Ebd.; Gruch S. 8

328 Peters S. 12

329 Ebd. S. 15; Sindele (Die Tradition ...) S. 68; LKA- DA Kirchheim 222b/c; Ledderhose (Henriette) S. 102

330 Gruch S. 8

331 Peters S. 13 ff.; Württ. Jahrbücher 1833/1. Heft S. 90

332 Gruch S. 12

333 Ders. S. 19

334 Sindele (Die Tradition ...) S. 72 f.

335 Vgl. Meyers Ausgabe 1895; Solle S. 146; Prieur S. 81; Erning S. 130; Hübener S. 181; Oehler S. 47 ff.; Hauskalender Altenburg 1936

336 Zentralleitung des Wohltätigkeitsvereins S. 7, 9; Schmidt S. 92, 141

337 StadtA Ki A 522

338 Ebd. sowie R 4800/4801

339 TB 8.8.1838; StadtA Ki A 522 (Datumsangabe)

340 Die Kindergärten in Kirchheim sind nach Straßen benannt. Daher ist der Anfang der 1950er Jahre eingerichtete sog. Henrietten-Kindergarten an der Henriettenstraße nicht der Nachfolger der historischen Kleinkinderschule, sondern der Teck-Kindergarten an der Teckstraße; s. auch Peters S. 12 sowie TB 8.8.1838

341 StadtA Ki B 521 fol. 291

342 S. Peters S. 22 ff.

343 Mayer S. 112 f.

344 Peters S. 25, 31; StadtA Ki A 622; TB 2.9.1840; s. auch Ludwigsburger Geschichtsblätter Nr. 20 S. 86

345 Peters S. 27, 29

346 S. Anm. 343 S. 112

347 S. Peters S. 29; StadtA Ki A 580

348 Sticker S. 248

349   Sticker S. 248 ff.

350   Sticker S. 253, 258

351   Gerhardt, M., Bd 2. S. 135

352   Ders. S. 178

353   Ebd. in Verbindung mit Ludwigsburger Geschichtsblättern Nr. 20 S. 86 (Anm.: Der mit Henriette und dem Kirchheimer Frauenverein bekannte Dr. Werner bildete in Ludwigsburg in halbjährigen Kursen ledige weibliche Personen zwischen 18 und 40 Jahren zu Krankenpflegerinnen, den sog. »Krankendiakonissen« aus); vgl. auch Lebensbild Werner v. 1891 S. 12

354   TB 2.9.1840; Peters S. 33 f. – Anm.: Wilhelmshospital seit 1923 Kreiskrankenhaus

355   Reichelt (Aus der Geschichte der ...) S. 41; StadtA Ki A 640/641; TB 12.8.48 und 18.2.1874

356   Weech (Karlsruhe) Bd. 2, S. 140

357   Fleck S. 23 f.

358   Ders. S. 20 ff.

359   Ledderhose (Henriette) S. 58; StadtA Ki A 109 (Brief von Sohn Alexander: »ihr liebes Kirchheim«)

360   StadtA Ki A 640 1a; Reichelt (Aus der Geschichte der ...) S. 42

361   Reichelt (Aus der Geschichte der ...) S. 43 f.

362   Peters S. 35; Reichelt (Aus der Geschichte der ...) S. 42

363   Reichelt (Aus der Geschichte der ...) S. 42

364   Reichelt (150 Jahre...) S. 10 ff.

365   Reichelt (150 Jahre...) S. 14 ff; Ledderhose (Henriette) S. 118; StadtA Ki R 5068

366   Alle Angaben des Absatzes nach Reichelt (150 Jahre...) S. 18, 28, 30 – Angaben Reichelt beruhen auf Akten des Henriettenstifts (B 9)

367   Reichelt (150 Jahre...) S. 30, 53 f. sowie Henriettenstift B 9

368   Widmer S. 72; TB 51/1846; StadtA Ki A 568

369   StadtA Ki A 522

370   Merz S. 309

371   Manz S. 168

372   Peters S. 39

373   Manz S. 168 f.

374   Kiewning S. 248

375   Solle S. 144; Prieur S. 74 f., 81

376   Prieur S. 77; Solle S. 111, 114

377   Köhle-Hezinger S. 46

378   Ebd. S. 45

379   Schmidt S. 49

380   Ledderhose (Henriette) S. 75, 98, 100, 105, 107, 114, 115; Moll (Bildersaal) S. 148 f.; Lebensbild Knapp S. 9; Jubil.ausgabe 100 Jahre Teckbote 1932 S. 9; TB 2.12. 1848 – Anm.: »Sechserverein«, weil jedes Mitglied wöchentlich einen Sechser beisteuerte, s. auch Meyer, G. S. 112

381   StadtA Ki B 521 (9.11.1822, S. 112); TB Jub.ausgabe 1932, S. 9

382   Bader S. 157 ff.; Baumann, G. S. 4 f.; Hinweise zu Schelklingen-Weiler in www.szon.de/lokales/ehingen/stadt

383 Trautwein S. 64, 102; Palm S. 107; www.st.-mauritius-koeln.de; AHW: 248/5 Bü 332

384 Ludwigsburger Geschichtsbl. Heft 20, S. 87; Sting Bd. II S. 57

385 Ledderhose (Henriette) S. 82

386 Ders. S. 95

387 Ders. S. 87, 121 f.; Moll S. 156; s. auch Besorgnis erregende Telegramme und Berichte von Dr. v. Hauff und von Kgn. Pauline an König in HStAS G 248 Bü 3

388 Uhland (Tgb. Massenbach) S. 96 f.; StadtA Ki Totenregister

389 Uhland (Tgb. Massenbach) S. 96 f.

390 Ledderhose (Henriette) S. 123

391 Ders. S. 124; nach Württ. Jahrbüchern Elisabeth beispielsweise auch noch am 8.11.1856

392 Ledderhose (Henriette) S. 127; TB 3.1.1857

393 Uhland (Tgb. Massenbach) S. 96

394 StadtA Ki Totenregister

395 TB v. 3.1.1857; Leichenpredigten Württ. Landesbibliothek Nr. 23622 + 23279; HStAS G 248 Bü 3

396 HStAS G 248 Bü 3

397 Ebd.; Palm S. 108; Landenberger S. 247

398 Ebd.

399 Ebd.; Staatsanzeiger für Württ. Nr. 13/1857 (Hinweis Palmzweig von Georg V.)

400 Schukraft S. 93 f.; HZAN La 141 Bü 49

401 HStAS G 248 Bü 3

402 HStAS G 248 Bü 3; StadtA Ki A 109

403 Niedersächsisches Hauptstaatsarchiv Hannover Dep. 103 III Nr. 216

404 »neue Wege, alte Ziele« S. 133 ff. (Aufsatz Brosius); Büttner S. 7 f., 21; Schwerdtmann S. 197, 240 ff. sowie Angaben des Pressereferenten Doering v. 13.10.05

405 »Streiflicht« (Info-Blatt der Henriettenstiftung) 1/2005 – Der Henriettenweg ist nach Angaben der Pressestelle der Henriettenstiftung in unmittelbarer Nähe von heutigen Stiftungseinrichtungen.

406 Staatsanzeiger für Württ. 13/1857

407 Württ. Landesbibliothek cod. Hist. 2 950,7 (Brief v. 23.1.1857)

408 Vgl. Anm. 391, 392

409 HStAS G 287 (Brief v. 25.1.1816); HZAN La 141 Bü 49 (Nachlass Fstn. Leopoldine)

410 Obser S. 21

411 Echerolles S. 218 ff. zitiert in der Übersetzung von Moll S. 145

412 S. Anm. 406

413 Moll S. 129

414 Ledderhose (Henriette) S. 85

415 Uhland (Tgb. Massenbach) S. 33

416 Ledderhose (Henriette) S. 134 ff.; Lebensbild Knapp S. 219

417 Ledderhose (Henriette) S. 94; Palm S. 107; Moser (Oberamtsbeschreibung) S. 116

418 Schumacher S. 49

419 Zitiert nach Meyer, G. S. 140 sowie nach Ledderhose (Henriette) S. 72

420 Lorenz S. 340; Fernsehsendung »Frauen aus dem Hause Württemberg« v. 3.7.1984 im damaligen S 3 mit Prof. Decker-Hauff

421 Anm.: Bei der agnatischen Erbfolge sind nur die männlichen Blutsverwandten der männlichen Linie Thronfolger, bei der kognatischen sind beide Geschlechter gleichberechtigt. Die Deszendenzen der Herzogin Henriette sind in vergleichender Arbeit zu erschließen aus: 1) den Stammtafeln von Sokop zur schnellen Übersicht 2) den Stammtafeln von Isenburg/Freytag v. Loringhoven/Schwennicke 3) dem mehrbändigen Werk von Huberty u.a. »Les dynasties allemandes« 4) dem Genealogischen Handbuch des Adels (Fürstl. Häuser) 5) Ergänzende Werke wie Rall (Wittelsbacher), Reifenscheid (Habsburger), Hamann (Habsburger), Lorenz u.a. (Württemberg)

422 Oehler S. 119; Mantel S. 28 – Anm.: allgemeine Angaben zu den Kindern Henriettes sind im Folgenden auch Lorenz S. 347 ff. zu entnehmen.

423 Société historique S. 9 f.

424 Pope-Hennessy S. 32 ff.

425 HStAS G 292 und E 14 Bü 306; Pope-Hennessy S. 103; Artikel Decker-Hauff TB 24.12.1958

426 Windischgrätz und Jellačić haben als kaiserliche Heerführer die Revolutionäre und aufständischen nationalen Minderheiten in der Donaumonarchie mit Waffengewalt besiegt.

427 HStAS G 287; TB 2. Dezember 1848

428 Moll S. 152 f.; Ledderhose (Henriette) S. 10

429 Mündliche Aussage (15.4.2005) von Herrn Helmut Müller, Kirchheim unter Teck, dass nach Erzählung seines Großvaters Haas der Vorfahr Kreyser, der als selbständiger Hafnermeister die Öfen im Schloss wartete, wegen Beteiligung an den revolutionären Umtrieben 1848/49 diesen begehrten Geschäftsauftrag verlor.

430 HStAS G 248 Bü 2 findet sich ein Hinweis, dass Henriette 1799 in Wallisfurth/ Schlesien ein Darlehen von 5000 Reichstalern erhalten hatte, aber 1816 immer noch nicht zurückbezahlt habe.

431 Stuhlfeld S. 584; Anm.: In Folge des Schlesischen Kriegs, der unerhörten poln. Teilungen oder der schnöden Entmachtung/Absetzung des letzten kurländischen Herzogs; s. auch Anm. 74 und 79

432 Ledderhose (Henriette) S. 119

433 Ders. S. 97

434 HStAS G 246 Bü 24

435 Du Casse Bd. IV S. 397

436 Hofbibliotheksdirektor Schanzenbach in Ludwigsburger Geschichtsblätter 1911, S. 86 und in »Königin Mathilde ...« S. 3

437 Palm S. 23

438 Ders. S. 24

439 CD von Prälat i. R. Rolf Scheffbuch im Häussler-Verlag

440 Sauer (Reformer ...) S. 202; Sauer (Wilhelm II.) S. 13; Sauer (Wenn Liebe ...) S. 141

441 Vgl. Moll S. 136, 151 f.; Merz S. 315; Reichelt (Henriettenstift) S. 30; nach Frasch S. 275 ff. war ab 1850 an der Paulinenpflege eine Versuchs- und Musteranstalt für die allerdings relativ erfolglose Seidenraupenzucht eingeführt worden. – Anm.: Henriette hatte im Übrigen nach den Berichten der frühen Biographen eine ähnliche patriotische Einstellung wie Dekan Bahnmaier und Oberhelfer Knapp.

442 StadtA Ki C 1177; Anm.: die Vermutung, die Henrietta-Street im Herzen Londons könnte nach ihr benannt sein, wurde von Bibliothekar John Fisher von der Stadtverwaltung London verneint; diese Straße wurde bereits im 17. Jh. erbaut und nach der Frau von König Charles I. benannt.

443 Vgl. Sindele (Chronologische Geschichte …) S. 53

444 S. StadtA Ki A 109/Blätter für das Armenwesen v. 10.1.1857 (»Mutter der Armen«); Jubil.ausgabe 100 Jahre Teckbote 1932 S. 9 (»leuchtender Stern«)

445 Nach Mitteilung aus Kirchheimbolanden wurde die Alleestraße mittlerweile in Dr.-Edeltraud-Sießl-Allee umbenannt.

Quellen- und Literaturverzeichnis

Ungedruckte Quellen

Hauptstaatsarchiv Stuttgart
A-, E-, G-Bestände

Hessisches Hauptstaatsarchiv Wiesbaden
Bestände Abt. 130 II, 160

Niedersächsisches Hauptstaatsarchiv Hannover
Bestände Dep. 103 II/III, 84 B

Staatsarchiv Ludwigsburg
E-, F-Bestände

Hohenlohisches Zentralarchiv Neuenstein
La-Bestände

Archiv des Hauses Württemberg
Findmittel 1: 246+248

Landeskirchliches Archiv Stuttgart
Bestände DA-Kirchheim 2, 222 b-f, 629,631,634,637; A 27

Staatsarchiv Marburg
Bestand 6a, 4f

Württembergische Landesbibliothek Stuttgart
Cod. Hist.-Bestände; Graphische Sammlung

Stadtarchiv Bayreuth
Heiratsregister, Bayreuther Zeitung

Stadtarchiv Kirchheim unter Teck
Bestände A, B, C, R; Bildarchiv, Pläne, Mikrofilme des LKA (Familienregister ...)

Städtisches Museum Kirchheim unter Teck
Bildbestände, Sammlung Kaim

Gedruckte Quellen und Literatur

Altenburger Hauskalender, Altenburg 1936

Artaud, Chevalier: Histoire du pape Pie VII, Tome Second, Paris 1837

Bach, Max: Stuttgarter Kunst 1794–1860, Stuttgart 1900

Bach, Max und Lotter, Carl: Bilder aus Alt-Stuttgart, Stuttgart 1896

Bachmann, Erich: Neues Schloss Bayreuth, München 1985

Bader, Siegfried: Notzinger Heimatbuch, Kirchheim unter Teck 1977

Bailleu, Paul: Briefwechsel König Friedrich Wilhelms III. und der Königin Luise mit Kaiser Alexander I., Leipzig 1900

Baumann, Gottlob (Hg.): Die neue Kirche in Nozingen (1834), Kirchheim unter Teck 1834

Benz, Eberhard Christian Jakob: Fortsetzung des Kirchenregisters der königlichen württembergischen Haupt- und Residenzstadt Stuttgart, Gedenkblätter 1811–1839, Stuttgart diverse Jahrgänge

Bergan, Günther: Ratskeller Ludwigsburg – Geschichte und Geschichten, in: Ludwigsburger Geschichtsblätter, Heft 53, Ludwigsburg 1999

Beyreuther, Erich: Geschichte des Pietismus, Stuttgart 1978

Binder, Gustav: Ein liberaler Theologe und Schulmann in Württemberg, Stuttgart 1975

Bock, Gundhild: Das Haus Württemberg in Russland, Marburg a. d. Lahn 1952 (Diss.)

Borst, Otto: Geschichte Baden-Württembergs – Ein Lesebuch herausgegeben von Susanne und Franz Quarthal, Stuttgart 2004

Bourgoing, Jean de (Hg.): Aus den Papieren des Herzogs von Reichstadt, Berlin 1925

Brandes, E.: Dr. Jonathan Friedrich Bahnmaier zum Gedächtnis, in: Beiträge zur Heimatkunde des Bezirks Kirchheim unter Teck, Heft 4, Kirchheim unter Teck 1967

Brosius, Dieter: »Allerhöchster Majestät Lieblingsstiftung« – Königin Marie von Hannover und das Henriettenstift, in: Helbig, Wolfgang: neue Wege, alte Ziele – 125 Jahre Henriettenstiftung Hannover, Hannover 1985

Brusselle-Schaubeck, Felix v.: Felix Christian August Freiherr von Brusselle, Stuttgart 1894

Brummer, Fr.: Familienleben und Hofhaltung des Herzogs Friedrich Eugen von Württemberg auf dem Schlosse zu Treptow an der Rega, Stettin 1855

Brünnert, Gustav: Napoleons Aufenthalt in Erfurt im Jahre 1808, Erfurt 1899

Buck, Fr.: Bilder aus dem christlichen Leben Württembergs im 19. Jahrhundert, I. Hälfte, Stuttgart 1924

Bütterlin, Rudolf: Malvina oder der Instinkt des Herzens, in: Zeitschrift für württembergische Landesgeschichte, Stuttgart 1989, S. 211 ff.

Büttner, J. S.: Das Henriettenstift und seine Arbeitsgebiete, Hannover 1885

Cuno, Fr. W.: Gedächtnisbuch deutscher Fürsten und Fürstinnen reformierten Bekenntnisses, 3./4. Lieferung, Barmen o.J.

Decker-Hauff, Hansmartin: Sendereihe des Süddeutschen Rundfunks Stuttgart (S 3)
»Frauen im Hause Württemberg«, insbesondere 3.7.1984
Demandt, Karl. E.: Geschichte des Landes Hessen, Kassel und Basel 1959
Dietel, Karl u. Staff-Reitzenstein, Elsa v.: Eine Reise nach St. Petersburg im Jahre 1808
in Archiv für Geschichte von Oberfranken 55. Bd., Bayreuth 1975
Döhn, Hans: Kirchheimbolanden – Die Geschichte der Stadt, Kirchheimbolanden,
1968
Du Casse, A. (Hg.): Correspondance inédite de la reine Catherine de Westphalie, Pa-
ris 1853

Echerolles, Alexandrine des: Quelques années de ma vie, Moulins 1843
Erfurt in seinem höchsten Glanze während der Monate September und Oktober 1808,
o. Verf., Erfurt 1808
Erning, Günter und Neumann, Karl und Reyer, Jürgen (Hg.): Geschichte des Kinder-
gartens, Bd. 1, Freiburg i. Br. 1987
Even, Pierre: Dynastie Luxemburg-Nassau, Luxemburg 2000

Fleck, Egid: Gestalten aus dem Brandschutz- und Feuerwehrwesen in Baden und
Württemberg, Stuttgart 1961
Frasch, Werner: Aus Geschichte und Gegenwart einer Stadt und ihrer Bewohner,
Kirchheim unter Teck 1985
Freytag von Loringhoven, Frank Baron und Isenburg, Wilhelm Karl Prinz von: Euro-
päische Stammtafeln, Marburg 1975–78 und Berlin 1980–1995
Fritz, Eberhard: König Wilhelm und Königin Katharina von Württemberg – Studien
zur höfischen Repräsentation im Spiegel der Hofdiarien, in: Zeitschrift für würt-
tembergische Landesgeschichte, 54.Jg., Stuttgart 1995
Fritz, Eberhard: Schloss Ludwigsburg als Sommerresidenz, in: Ludwigsburger Ge-
schichtsblätter 58/2004, Ludwigsburg 2004
Früh, Sigrid: Verzaubertes Neckarland, Tübingen 2004

Gagern, Hans Christoph v.: Mein Antheil an der Politik, Bd. I, Stuttgart und Tübingen
1823
Genealogisches Handbuch des Adels (Fürstliche Häuser), Limburg a. d. Lahn, div.
Jahrgänge bis 2004
Gerhardt, Martin: Theodor Fliedner, Düsseldorf-Kaiserswerth 1977
Gerhardt, Oskar: Bad Cannstatt vor hundert Jahren, Stuttgart 1935
Gielgud, Adam (Hg.): Memoirs of the prince Adam Czartoryski, London 1888/1971
Glöckle, Albrecht: Auf den Spuren des Local-Wohltätigkeitsvereins in Ulm, in: Blätter
der Wohlfahrtspflege 114/1967
Goethe, Johann Wolfgang v.: Hermann und Dorothea, in: Werke in zehn Bänden, Bd.
2, Frankfurt 1970

Golovkine, Fédor Comte de: La cour et le règne de Paul Ier, Paris 1905

Gottlieb, Claus (Hg.): Alt-Kirchheim in Bildern, Kirchheim unter Teck 1980

Gritzner, Maximilian (Hg.): Standeserhebungen und Gnaden-Acte Deutscher Landesfürsten während der letzten drei Jahrhunderte, Görlitz 1881

Gritzner, Maximilian: Handbuch der Ritter- und Verdienstorden aller Kulturstaaten der Welt innerhalb des XIX. Jahrhunderts, Leipzig 1893, Nachdruck Holzminden 2000

Gruch, Jochen: Die Paulinenpflege von den Anfängen bis zum Juli 1922, in: Schriftenreihe des Stadtarchivs Kirchheim unter Teck, Bd. 4, Kirchheim unter Teck 1986

Hackländer, Friedrich Wilhelm: Bilder aus dem Soldatenleben im Kriege, 1./2. Bd., Stuttgart und Tübingen 1849/1852

Hackländer, Friedrich Wilhelm: Ein Preuße in Schwaben, bearbeitet von Ulrich Hieber, Heidenheim 1970 (Reprint von 1878)

Hagen, August: Geschichte der Diözese Rottenburg, Bd. 1, Stuttgart 1956

Hagen, Walter: Dr. August Hermann Werner, der Arzt, der Christ, der Kinderfreund, in: Ludwigsburger Geschichtsblätter Heft 20/1968, Ludwigsburg 1968

Hahn, Otto W.: Jung-Stilling zwischen Pietismus und Aufklärung, Frankfurt a. M./Bern/New York/Paris 1988

Hahn, Otto W.: Johann Heinrich Jung-Stilling, Wuppertal/Zürich 1990

Hamann, Brigitte: Die Habsburger – Ein biographisches Lexikon, Wien 1988

Hartmann, Julius (Hg.): Uhlands Tagebuch 1810–1820, Stuttgart 1898

Hartung, Fritz: Hardenberg und die preußische Verwaltung in Ansbach-Bayreuth von 1792–1806, Tübingen 1906

Hengstenberg, Gisela: Frömmigkeit – Pflicht – Ereignis, in: Borst, Otto: Frauen bei Hof, Tübingen 1998

Henriettenstiftung (Hg.): Streiflicht, 12/03, Hannover 2003 u. diverse Jahrgänge

Hermann, Theodor: Kirchliche Geschichte des Kreises Kirchheim-Teck, Kirchheim 1936

Hermelink, Heinrich: Geschichte der evangelischen Kirche in Württemberg von der Reformation bis zur Gegenwart, Stuttgart und Tübingen 1949

Hermle, Siegfried (Hg.): Kirchengeschichte Württembergs in Porträts – Pietismus und Erweckungsbewegung, Holzgerlingen 2001

Herzogl. Wirtemberg. Adreßbuch, später königl. Hof- und Staatshandbuch, Stuttgart, div. Jg.

Hessen, Rainer v.(Hg.): Wir Wilhelm von Gottes Gnaden – Die Lebenserinnerungen Kurfürst Wilhelms I. von Hessen 1743–1821, Frankfurt a. M./New York 1996

Heyde, Gerhard: Die Geschichte Königsfelds 1807–1957 (gek. Fassung von Pf. Burkhardt), Königsfeld 1958

Heyde, Gerhard: Das württembergische Wunderbad Boll, Stuttgart 1944

Historische Kommission bei der Bayerischen Akademie der Wissenschaften (Hg.): Regierungsakten des Herzogtums Nassau 1803–1814, München 2001

Hübener, Johannes: Die christliche Kleinkinderschule und ihr gegenwärtiger Stand, Gotha 1886

Huberty; Michel und Giraud, Alain und Magdelaine, F. et B.: L'Allemagne Dynastique, Tomes I–VII, Le-Perreux-sur-Marne 1976–1994

Hübsch, G.: Der fürstliche Lustsitz Eremitage bei Bayreuth in den Tagen seiner Vergangenheit, Bayreuth 1924

Isenburg, Wilhelm Karl Prinz von: Stammtafeln zur Geschichte der europäischen Staaten, Bd. 1/2, Berlin 1936

Ising, Dieter (Hg.): Johann Christoph Blumhardt – Briefe, in: Schäfer, Gerhard (Hg.): Gesammelte Werke Blumhardts, Bde. 3/4, Göttingen 1997

Jähns, Friedrich Wilhelm: Carl Maria von Weber in seinen Werken, Berlin 1871

Jung-Stilling, Johann Heinrich: Lebensgeschichte, Frankfurt a.M., 1983 nach Erstdrucken von 1777–1817

Kallee, Richard (Hg.): Aus der politischen Biedermaierzeit – Erinnerungen und Erlebnisse des Generals Eduard Kallee, Stuttgart 1921

Kestner-Köchlin, Hermann: Briefwechsel zwischen August Kestner und seiner Schwester Charlotte, Straßburg 1904

Kiewning, Hans: Fürstin Pauline zur Lippe, in: Westfälische Lebensbilder, Bd. 2, Münster 1954

Kilian, Rainer: Die Ehrenbürger der Stadt Kirchheim unter Teck, in: Schriftenreihe des Stadtarchivs Kirchheim unter Teck Bd. 12, Kirchheim unter Teck 1990

Kircheisen, Gertrude (Hg.): Am Zarenhofe – Memoiren der Fürstin Daschkoff Bd. I/II, München 1918

Kircheisen, Friedrich M. (Hg.): Fürstenbriefe an Napoleon I. (Deutsche Fürsten und Fürstinnen), Stuttgart und Berlin, 1929

Klein, Michael: Albert Knapp (1798–1864) – Dichter-Pfarrer in Kirchheim unter Teck von 1831 bis 1836 – und seine heutige Bedeutung, in: Schriftenreihe des Stadtarchivs Kirchheim unter Teck, Bd. 30, Kirchheim unter Teck 2003

Knapp, Joseph (Hg.): Lebensbild von Albert Knapp, Stuttgart 1867

Köchel, Ludwig v.: Chronologisch-thematisches Verzeichnis sämtlicher Tonwerke, 6. Auflage, Wiesbaden 1964

Köhle-Hezinger, Christel: Weibliche Wohltätigkeit im 19. Jahrhundert, in: Merkel, Helga: Zwischen Ärgernis und Anerkennung 1829–1901, Tübingen, 1993

Köhler, Joachim (Hg.): Katholiken in Stuttgart, Ostfildern 1990

Kölle, Chr. Friedrich: Rom im Jahre 1833, Stuttgart und Tübingen 1834

Koenig-Warthausen, Wilhelm Freiherr v.: Josef Freiherr v. Linden (1804–1895), in: Lebensbilder aus Schwaben und Franken IX, Stuttgart 1963, S. 219 ff.

Königlich württembergisches Staats- und Regierungs-Blatt

Kübler, Ursula und Gruch, Jochen: Biographie und Bibliographie D. Jonathan Friedrich Bahnmaier, in: Schriftenreihe des Stadtarchivs Kirchheim unter Teck, Bd. 6, Kirchheim unter Teck 1987

Landenberger, A.: Evangelische Lebensbilder aus Schwaben in vier Jahrhunderten, Leipzig 1904

Landsberg, Hans: Napoleon – Schriften und Gespräche, Berlin 1912

Lauffer, Otto: Der Weihnachtsbaum in Glauben und Brauch, Berlin/Leipzig 1934

Lebensbild Dr. A. H. Werner, der Kinderheilanstaltsvater, o. V., Ludwigsburg, 1891

Ledderhose, Karl-Friedrich: Die Herzogin Henriette von Württemberg geb. Prinzessin von Nassau-Weilburg, Heidelberg 1867

Ledderhose, Karl Friedrich: Aus dem Leben des Diaspora-Arbeiters der Brüdergemeine Johann Conrad Weiz, Gnadau 1876

Lehmann, Helmut: Pietismus und weltliche Ordnung in Württemberg vom 17. bis zum 20. Jahrhundert, Stuttgart/Berlin/Köln/Mainz 1969

Leinert, Michael: Carl Maria von Weber, Hamburg 1978

Lindemann, Martha: Die Heiraten der Romanows und der deutschen Fürstenhäuser, Berlin und Bonn 1935

Loesche, Georg: Die evangelischen Fürstinnen im Hause Habsburg, Wien 1904

Lorenz, Sönke und Mertens, Dieter und Press, Volker (Hg.): Das Haus Württemberg – Ein biographisches Lexikon, Stuttgart 1997

Ludwigsburger Geschichtsblätter (herausgegeben vom Historischen Verein für Stadt und Kreis Ludwigsburg), Ludwigsburg 1900 ff.

Maiwald, Hanns: Die Auswirkungen der Französischen Revolution in Weilburg 1792–1800, in: Magistrat der Stadt Weilburg (Hg.): Weilburg an der Lahn – 700 Jahre Stadtrechte 1295–1995, S. 202 ff., Weilburg 1995

Mannheimer Altertumsverein (Hg.): Mannheimer Geschichtsblätter, Mannheim, Jahrgänge 1908 und 1910

Malan, o.V.: La vie et les travaux de César Malan, Genf/Paris 1869

Mantel, Kurt: Geschichte des Weihnachtsbaums, Hannover 1975

Manz, Herbert: 50 Jahre vollausgebaute Realschule in Kirchheim unter Teck (1941–1991), in: Schriftenreihe des Stadtarchivs Kirchheim unter Teck, Bd. 15, Kirchheim unter Teck 1992

Mayer, Carl: Aus Kirchheims Vergangenheit, Kirchheim 1913

Mémoires et Correspondance du roi Jérôme et de la reine Catherine, Tome I–VII, Paris 1861–1866

Merz, Heinrich: Christliche Frauenbilder II, Stuttgart 1886

Mémoires de Constant, Stuttgart 1830

Meyer, Christian: Geschichte der Burggrafschaft Nürnberg und der späteren Markgrafschaften Ansbach und Bayreuth, Tübingen 1908

Meyer, Gerhard: Johann Conrad Weiz, Wuppertal 1962

Meyers Konversations-Lexikon, Leipzig und Wien 1895

Moll, Albert: Henriette, Herzogin von Württemberg, Prinzessin v. Nassau-Weilburg, in: Württembergischer Bildersaal, Erster Band, Stuttgart 1859

Montbrison, Comte de (Hg.): Mémoires de la baronne d'Oberkirch, Bd. 1/2, Paris 1853

Mörike, Karl (Hg.): Maximen beim Musikunterricht mit eingestreuten, bis jetzt noch ungedruckten Gedanken Karl Maria von Weber's, Stuttgart 1848

Morgenstern, Karl: Zum Gedächtnis Ihrer hochseligen Majestät, der Kaiserin Mutter, Maria Feodorowna, Riga 1829

Moser, Robert: Auch ein schwäbisches Pfarrersleben, Brackenheim 1908

Moser, Rudolf: Beschreibung des Oberamts Kirchheim, Stuttgart und Tübingen 1842, Nachdruck: Kirchheim unter Teck 1996

Müssel, Karl: Familie von Gagern und Bayreuth, in: Archiv für Geschichte von Oberfranken, 54. Bd., Bayreuth 1974

Mylius, Horst Gering: Geschichte der Familien Mylius-Schleiz aus dem Hause Gerung und Mylius-Ansbach 1375–1990, Freiburg i.Br. 1992

Niebuhr, Hermann (Hg.): Eine Fürstin unterwegs – Reisetagebücher der Fürstin Pauline zur Lippe 1799–1818, Detmold 1990

Noack, Friedrich: Das Deutschtum in Rom, Bd. 2, Stuttgart 1927, Neudruck Aalen 1974

Obser, Karl (Bearb.): Denkwürdigkeiten des Markgrafen Wilhelm von Baden, Erster Band 1792–1818, herausgegeben von der Bayrischen Historischen Kommission, Heidelberg 1906

Oehler, K. Eberhard: Maria Dorothea von Württemberg, Metzingen 2003

Overmann, Alfred: Erfurt in zwölf Jahrhunderten, Erfurt 1929, Nachdruck Frankfurt 1980

Palm, Adolf: Königin Pauline v. Württemberg – ein Lebensbild, Stuttgart 1891

Peters, Karin: Herzogin Henriette von Württemberg und ihr soziales Wirken in Kirchheim unter Teck, in: Schriftenreihe des Stadtarchivs Kirchheim unter Teck, Heft 1, Kirchheim unter Teck 1975

Pope-Hennessy, James: Queen Mary (1867–1953), London 1959

Priesdorf, Kurt v. (Hg.): Soldatisches Führertum, Teil III, Hamburg, o. J.

Prieur, Jutta (Hg.): Frauenzimmer, Regentin, Reformerin – Fürstin Pauline zur Lippe 1802–1820 (Begleitband zur Ausstellung des nordrhein-westfälischen Staatsarchivs Detmold 2002/2003), Detmold 2002

Prühs, Ernst-Günther: Geschichte der Stadt Eutin, Eutin 1994

Raabe, Peter: Wege zu Weber, in: Bosse, Gustav (Hg.): Deutsche Musikbücherei, Bd. 11, Regensburg 1942

Rall, Hans und Marga: Die Wittelsbacher, Wien/Köln 1986

Real, Willy: Die Revolution in Baden 1848/49, Stuttgart/Berlin/Köln/Mainz 1983

Reghely d. Jüngere: Geschichte und Beschreibung von Carlsruhe in Oberschlesien von seinem ersten Entstehen im Jahre 1748 bis auf das erste funfzigjährige Jubeljahr 1798, Nürnberg 1799

Reichelt, Rosemarie: 150 Jahre Henriettenstift in Kirchheim unter Teck, in: Schriftenreihe des Stadtarchivs Kirchheim unter Teck, Bd. 27, Kirchheim unter Teck 2001

Reichelt, Rosemarie: Aus der Geschichte der Kirchheimer Feuerwehr von den Anfängen bis 1974, in: 150 Jahre für den Bürger (Hg.: Freiwillige Feuerwehr der Stadt Kirchheim unter Teck), Kirchheim unter Teck 1999

Reifenscheid, Richard: Die Habsburger, Wien/Köln 1982

Reiner, Manfred: Die Plochinger »Herberge zum Schwarzen Bären«, in: Plochinger Wegspuren, Bd. 26, Plochingen 1991

Rössler, Hellmuth: Zwischen Revolution und Reaktion, Göttingen/Berlin/Frankfurt 1958

Rüstow, Werner: Der italienische Krieg 1859, Zürich 1859

Sahler, Léon: Notes sur Montbéliard suivies de vieux propos montbéliardais, 1905/1917, Neudruck Montbéliard 1998

Sahler, Léon: Princes et princesses en voyage, Paris 1909

Sauer, Paul (Hg.): Im Dienste des Fürstenhauses und des Landes Württemberg, Stuttgart 1985

Sauer, Paul: Württembergs letzter König: Das Leben Wilhelms II., Stuttgart 1994

Sauer, Paul: Der Schwäbische Zar: Friedrich – Württembergs erster König, Stuttgart 1984

Sauer, Paul: König Friedrich I. (1757–1816), in: Uhland, Robert (Hg.): 900 Jahre Haus Württemberg, Stuttgart/Berlin/Köln/Mainz 1984

Sauer, Paul: Reformer auf dem Königsthron – Wilhelm I. von Württemberg, Stuttgart 1997

Sauer, Paul: Regent mit mildem Zepter – König Karl von Württemberg, Stuttgart 1999

Sauer, Paul: Wenn Liebe meinem Herzen fehlt, fehlt mir die ganze Welt – Herzogin Wera von Württemberg, Großfürstin von Rußland 1854–1912, Filderstadt 2004

Schanzenbach, Otto: Königin Mathilde zu Württemberg und die Ludwigsburger, Ludwigsburg 1897

Scheibe, Siegfried (Bearb.): Wielands Briefwechsel, Bd.17,1+2, Berlin 2001 und 2003

Schickhardt, Heinrich: Reiß in Italien, Montbéliard, 1602, Neudruck Montbéliard 2004

Schieckel, Harald: Aus dem Umkreis der Königin Katharina von Württemberg, in: Zeitschrift für Württ. Landesgeschichte (ZWLG) 1992

Schiemann, Theodor: Zur Geschichte der Regierung Paul I. und Nikolaus I., Berlin 1906

Schliephake, F.W.Th. und Menzel, Karl: Geschichte von Nassau, Bd. VII, Wiesbaden 1889

Schlossberger, August v. (Hg.): Politische und militärische Correspondenz König Friedrichs von Württemberg mit Kaiser Napoleon I., Stuttgart 1889

Schlossberger, August v. (Hg.): Briefwechsel der Königin Katharina und des Königs Jérôme von Westphalen, sowie des Kaisers Napoleon I. mit dem König Friedrich von Württemberg, Bd. I–III, Stuttgart 1886/87/87

Schlossberger, August v.: Die Entzweiung Kaiser Alexanders von Russland mit König Friedrich von Württemberg im Januar 1806 und die Versöhnung beider Herrscher auf dem Kongresse von Erfurt im September 1808, in: Besondere Beilage (Literarische Beilage des Staatsanzeigers für Württemberg) 12/1888, S. 169 ff.

Schmidt, Hermann: Die innere Mission in Württemberg, Hamburg 1879

Schnürer, Franz (Hg.): Briefe Kaiser Franz Josephs I. an seine Mutter 1838–1872, München 1930

Schoeppl, H. F: Die Herzoge von Sachsen-Altenburg, Bozen 1917, Nachdruck Altenburg 1992

Schoppet, Wolfgang u. a.: Weilburg an der Lahn – Lexikon zur Stadtgeschichte, Limburg/Weilburg 1997

Schukraft, Harald: Die Grablegen des Hauses Württemberg, Stuttgart 1985

Schumacher, Tony: Aus frühester Jugendzeit, Stuttgart 1923

Schwab, Gustav: Lebensabriß Ihrer Majestät der am 6ten October verewigten Königswitwe Charlotte Auguste Mathilde von Württemberg, Stuttgart 1928

Schwennicke, Detlev: Europäische Stammtafeln, Neue Folge, Bd. I.1–XXI, Frankfurt 1998–2002

Seume, J. G.: Mein Sommer 1805, Leipzig, 1805, Neudruck: Michelstadt 1987

Sigel, Christian: Das evangelische Württemberg, Generalmagisterbuch (Personen, alphabetisch), maschinenschriftlich, Gebersheim 1910–1932

Sindele, Karl-Georg: Chronologische Geschichte des Kirchheimer Schlosses und seiner Anlagen, Kirchheim unter Teck 1998

Sindele, Karl-Georg: Die große Tradition der Lehrerbildungseinrichtungen in der Schulstadt Kirchheim unter Teck, in: Schriftenreihe des Stadtarchivs Kirchheim unter Teck Bd. 28, Kirchheim unter Teck 2003

Skaletz, Thomas: Karlsruhe in Oberschlesien, Dresden 1930 (Diss.)

Société historique et archéologique d'Arcachon: Arcachon – La ville d'hiver, Arcachon, 2000

Sokop, Brigitte: Stammtafeln europäischer Herrscherhäuser, Wien/Köln/Weimar 1993

Solle, Elisabeth: Glaube und soziales Handeln der Fürstin Pauline zur Lippe 1769–1820, in: Lippische Mitteilungen aus Geschichte und Landeskunde, 38. Bd., Detmold 1969

Sommer, Hermann: Zur Kur nach Ems, Stuttgart 1999

Spemann, Adolf: Dannecker, Berlin und Stuttgart 1909

Spielmann, C.: Geschichte der Stadt und Herrschaft Weilburg von der ältesten Zeit bis zur Gegenwart, Weilburg 1895

Staats-Anzeiger für Württemberg, diverse Jahrgänge

Starklof, R.: Geschichte des königlich württembergischen zweiten Reiter-Regiments, ehemaligen Jäger-Regiments zu Pferde Herzog Louis, Darmstadt und Leipzig 1862

Sticker, Anna: Friederike Fliedner, Neukirchen-Vluyn 1963

Sting, Albert: Geschichte der Stadt Ludwigsburg, Bd. 1/2, Ludwigsburg 2000/2004

Stökl, Günther: Russische Geschichte, Stuttgart 1997

Stuhlfeld, Willy: Katharina II. – Geheime Lebens- und Regierungsgeschichte, Berlin 1940

Taddey, Gerhard (Hg.): Lexikon der deutschen Geschichte, Stuttgart 1977

Teckbote Kirchheim unter Teck (vormals Wochenblatt, Amts- und Intelligenzblatt)

Trautwein, Christian (Hg.): Aus dem Leben von Friederike Luise Trautwein geborene Pfeiffer 26. Januar 1774–10. Dezember 1848 – »Die Schlossgroßmutter«, o. O. o. J.

Uhde, Hermann (Hg.): Erinnerungen der Malerin Louise Seidler, Berlin 1922/1948

Uhland, Robert (Hg.): 900 Jahre Haus Württemberg, Stuttgart 1984

Uhland, Robert (Hg.): Das Tagebuch der Baronin Eveline von Massenbach, Stuttgart 1987

Uhland, Robert: Herzog Friedrich Eugen (1795–1797), in: Uhland, Robert (Hg.): 900 Jahre Haus Württemberg, Stuttgart/Berlin/Köln/Mainz 1984

Unseld, Werner (Hg.): Barock und Pietismus – Wege in die Moderne, Ludwigsburg 2004

Veit, Joachim: Der junge Carl Maria von Weber, Mainz 1990 (Diss.)

Verhandlungen in der Kammer der Standesherren sowie in der Kammer der Abgeordneten des Königreichs Württemberg, Stuttgart, diverse Jahrgänge

Verhandlungen in der Kammer der Abgeordneten des Königreichs Württemberg, Stuttgart, diverse Jahrgänge

Voelter, Ludwig: Geschichte und Statistik der Rettungs-Anstalten für arme verwahrloste Kinder in Württemberg, Stuttgart 1845

Wacker, Peter: Das herzoglich-nassauische Militär 1813–1866, Taunusstein 1998

Wais, Gustav: Alt-Stuttgarts Bauten im Bild, Stuttgart 1931, Nachdruck Frankfurt 1977

Warrack, John: Carl Maria von Weber, Hamburg und Düsseldorf, 1972 (Dt. Übersetzung)

Weber, Max Maria v.: Carl Maria von Weber, Leipzig 1864

Weech, Friedrich v. (Hg.): Badische Biographien, Heidelberg 1875 ff.

Weech, Friedrich v.: Karlsruhe – Geschichte der Stadt und ihrer Verwaltung, 2. Bd. und 3. Bd. (1. Hälfte), Karlsruhe 1898 und 1904

Weller, Arnold: Wohlfahrtspflege in Württemberg 1817–1966, in: Blätter der Wohlfahrtspflege 114/1967, S. 9 ff.

Weller, Arnold: Sozialgeschichte Südwestdeutschlands, Stuttgart 1979

Werner, Karl: Christian Gottlob Barth, Doktor der Theologie, nach seinem Leben und Wirken, 3. Bd., Stuttgart 1869

Widmer, Sabine: Kirchheim unter Teck zwischen Handwerk und Industrie 1806–1914, in: Schriftenreihe des Stadtarchivs Kirchheim unter Teck, Bd. 5, Kirchheim unter Teck 1987

Wühr, Wilhelm: Die Emigranten der Französischen Revolution im bayerischen und fränkischen Kreis, München 1938, Neudruck Aalen 1974

Württembergische Jahrbücher für Statistik und Landeskunde, vormals Württembergische Jahrbücher für vaterländische Geschichte, Geographie, Statistik und Topographie, Stuttgart und Tübingen, diverse Jahrgänge

Württembergisches Landesmuseum Stuttgart (Hg.): Katalog der Ausstellung »Baden und Württemberg im Zeitalter Napoleons«, Stuttgart 1987

Wurzbach, Constant v.: Biographisches Lexikon des Kaiserthums Österreich, Wien 1861, 1873, 1889 ff.

Zentralleitung des Wohltätigkeitsvereins (Hg.): Wohltätigkeits-Anstalten und Vereine im Königreich Württemberg, Stuttgart 1898

Partielle und vereinfachte Darstellung der Abstammung von der »Großmutter Europas«

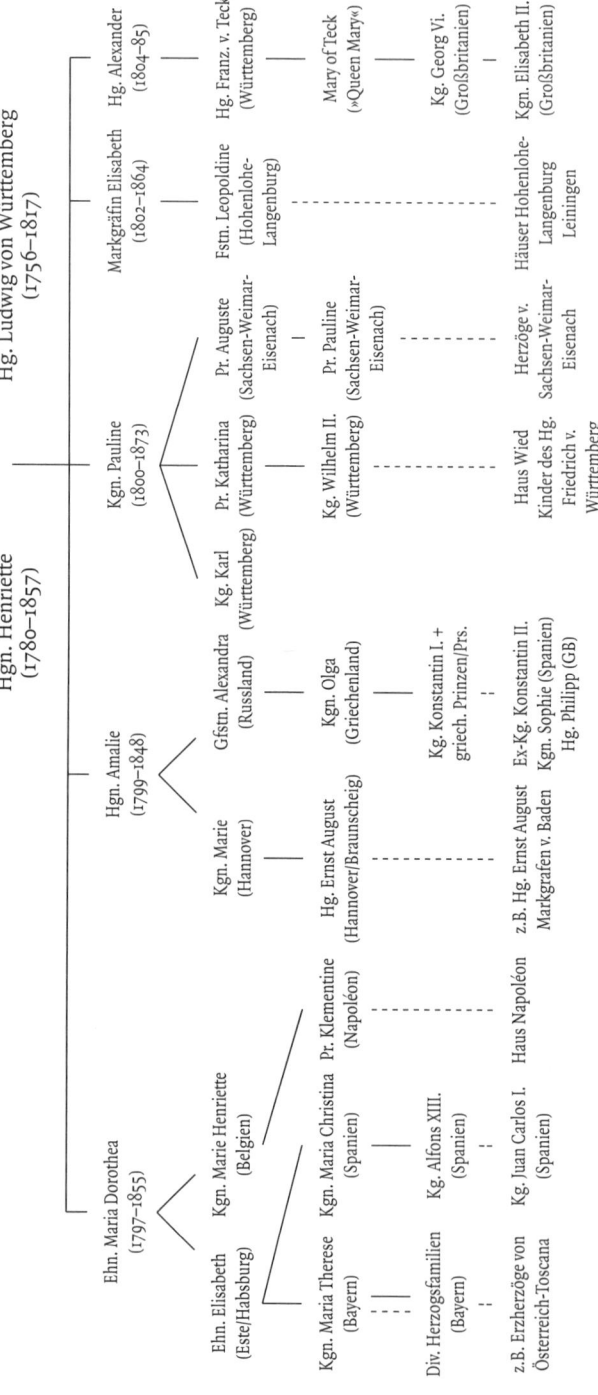

Anmerkungen: - - - = Generation(en) übersprungen, Kgn. = Königin, Gfstn. = Großfürstin, Fstn. = Fürstin, Ehn. = Erzherzogin.

Hgn. = Herzogin, Pr./Prs. = Prinzessin/nen, Prinz, Kg. = König, Hg. = Herzog